教育部人文社会科学重点研究基地重大项目
"面向高质量发展的中国特色基础教育学体系研究"
(22JJD880019)阶段性成果

当代教育的伦理视野
丛 书

丛书主编：程亮

The Ethics of School Administration:
Cases and Analysis

学校管理伦理：
案例与分析

杜明峰 等著

海峡出版发行集团｜福建教育出版社

图书在版编目（CIP）数据

学校管理伦理：案例与分析/杜明峰等著．—福州：福建教育出版社，2024.10
（当代教育的伦理视野丛书／程亮主编）
ISBN 978-7-5334-9773-6

Ⅰ．①学… Ⅱ．①杜… Ⅲ．①学校教育－伦理学－研究 Ⅳ．①G40-059.1

中国国家版本馆 CIP 数据核字（2023）第 205939 号

当代教育的伦理视野丛书
丛书主编　程亮

Xuexiao Guanli Lunli：Anli Yu Fenxi

学校管理伦理：案例与分析

杜明峰　等著

出版发行	福建教育出版社
	（福州市梦山路 27 号　邮编：350025　网址：www.fep.com.cn
	编辑部电话：0591-83727542
	发行部电话：0591-83721876　87115073　010-62024258）
出 版 人	江金辉
印　　刷	福建省地质印刷厂
	（福州市金山工业区　邮编：350011）
开　　本	710 毫米×1000 毫米　1/16
印　　张	12
字　　数	178 千字
插　　页	2
版　　次	2024 年 10 月第 1 版　2024 年 10 月第 1 次印刷
书　　号	ISBN 978-7-5334-9773-6
定　　价	35.00 元

如发现本书印装质量问题，请向本社出版科（电话：0591-83726019）调换。

序

在当代社会中，教育（特别是学校教育）是如此的重要，它不仅关涉到我们每个人发展的可能性，影响我们每个人未来的生活机会，而且关涉到国家、社会以及家庭的根本利益。教育也是如此的复杂，它差不多囊括了与人的发展有关的一切方面，以至于康德将它和政治并列为人类"发明"中最为困难的两件事。然而，面对如此重要而又如此复杂的事物，我们的考量常常容易陷入到技术性或有效性的层面。特别是在实证主义、行为主义的影响下，一些人将教育看作是工具化、操作化或技术化的过程，以"有效性"为直接目标，以"过程—结果"为分析模式，把教师看做是"教育技术员"或"教育技师"。这种"技术主义"的取向对教育采取了一种"非道德"的立场，忽视了教育所内含的道德或伦理维度。

严格来说，教育是一个与道德或伦理有着内在关联的领域。按照英国分析教育哲学家彼得斯的观点，任何可以称得上是教育的活动或过程，都意味着以道德上可以接受的方式向他人传递某种有价值的东西。由此，教育本身就是一个道德概念，在目的和方式上都内含着道德上的要求。实际上，这个要求不止是纯粹概念上的。在现实中，教育确实需要考虑它的道德目的——促进人的道德发展或实现人的道德社会化，而且需要审视它的实现途径或方式相对于目标的达成度，以及追问它们自身在道德上的合理性或正当性。比如，帮助一个孩子改正错误，或者获得一个好的成绩，在教育上是可欲的目标；但是，以严厉的体罚来达成这个目标，也许是"有效的"，在道德上却是不可以接受的。不仅仅如此，任何学校或教育上的决策和行动都不可避免地关涉到利益的分配或关系的调整，牵涉到相关利益人的福祉，因而都必然伴随着某种道德上的后果。这些似乎都意味着教育是一个需要在道德上审慎的事业。

对于这样一个道德的领域，伦理的立场或视角不仅是可能的，而且是必要的。这套"当代教育的伦理视野丛书"就是试图将这种立场或视角引入当代教育及其主要实践领域，探寻它们所内含的道德维度，所遭遇的道德问题，所需要的道德决策和行动。该丛书具体包括《教育的道德基础：教育伦理学引论》《课堂教学伦理：案例与分析》《班级管理伦理：案例与分析》《学生指导伦理：案例与分析》《学生评价伦理：案例与分析》《学校管理伦理：案例与分析》《教育政策伦理：案例与分析》《教师专业伦理：案例与分析》《当代西方教师伦理研究新进展》等。其中，既有对教育的道德基础的总体性和导引性的探讨，也有对西方教师伦理研究进展的概览性和前沿性的梳理，但主体部分是对教育实践领域的伦理问题进行具体而微的分析，涉及面向学生的课堂教学、管理、指导和评价，学校组织层面的领导和管理，以及更为宏观的教育政策等方面。由于教师是教育领域最为主要的实践者，这里专门对教师作为专业人员的伦理问题进行集中的讨论。

在具体的编撰上，各册都力求体现三个"结合"。一是理论分析与实践观照相结合。各册都尽量避免单一的理论陈述，而是适应当代中国教育公平正义的改革取向，针对当前中小学及其教师工作面临的伦理困境或问题，以学校改进和教师发展为指向，选择典型案例，展开理性分析，为学校及其教师提供伦理决策框架和实践改进建议。二是伦理立场与教育逻辑相结合。各册都侧重从伦理的立场或视角对教育问题进行审慎的分析，但也注意回归教育本身的逻辑，反省各种伦理学说或观点在具体议题上的适切性和妥当性，从而在"教育"与"伦理"之间形成一种反思性的均衡。三是本土思考与国际视野相结合。各册在分析教育伦理问题的过程中，一方面借鉴国外相关的理论成果和实践探索，另一方面也注意利用本土的伦理思想或资源，以期促进中外教育伦理思想的"合作式的对话"。

丛书是一项集体工作。各册作者都是近年来对教育伦理学有志趣、与学校变革实践有关联的专业研究者。尽管我们在具体的写作中未必都能在理论与实践之间、在伦理与教育之间建立内在的平衡，但我们确实在这条道路上一起尝试过和共同努力过。幸而，我们的尝试和努力，得到了福建教育出版社黄旭社长和成知辛主任的积极关注和鼎力支持。在此深致谢悃！

倘若我们的尝试和努力，能引起更多研究者对教育伦理问题的探究和争鸣，能为学校改进和教师发展提供些许理智上的参酌和方法上的指引，那必是我们击节而歌的！

程 亮

2016年10月于华东师大

目 录

第一章 学校管理伦理：何谓与何为 …… 1
一、学校管理：绩效与道德 …… 2
二、从"以德治校"到"依德治校" …… 6
三、从"提高道德修养"到"关注伦理决策" …… 10
四、从"人际伦理"到"组织伦理" …… 15

第二章 学校管理者的专业伦理 …… 21
一、专业分歧："善教"与"善治" …… 22
二、学校管理者的伦理准则 …… 27
三、管理实践中的伦理反思 …… 33

第三章 学校管理者的权威 …… 43
一、权威的来源与分类 …… 44
二、基于人际关系的学校管理者权威 …… 46
三、基于教学支持的学校管理者权威 …… 51
四、学校管理者权威的伦理边界 …… 55

第四章 学生的自由 …… 60
一、"发展"的立场：学生的自由是不充分的 …… 61
二、"自由"的立场：尊重学生的自由是必要的 …… 65
三、面向学生自由的发展 …… 69

第五章　教师的自主 ································· 78
一、"推门课"的实践及其争论 ····················· 79
二、行政管理与专业自主的博弈 ····················· 84
三、追求管理与自主的"双赢" ····················· 89

第六章　班干部的权力 ································· 95
一、班干部"权力"的赋予 ························· 96
二、班干部"身份"的确立 ························· 101
三、班干部权力的"异化"及其根源 ················· 105
四、回归"教育"立场的班干部权力 ················· 116

第七章　学校管理中的程序正义 ························· 121
一、事实认定的程序 ······························· 122
二、民主协商的程序 ······························· 125
三、过错行为处理的程序 ··························· 129
四、学校管理的教育性：对程序正义的补充 ··········· 133

第八章　让学校成为道德共同体 ························· 140
一、利益驱动下的学校"造假" ····················· 141
二、学校作为共同体的道德向度 ····················· 143
三、学校如何成为道德共同体 ······················· 151

参考文献 ··· 160

附　录 ··· 174
Ⅰ. 伦理准则：美国学校管理者协会教育领导者的伦理声明 ··· 174
Ⅱ. 义务教育学校校长专业标准（2013） ··············· 176

后　记 ··· 183

第一章 学校管理伦理：何谓与何为

案例：

管得严就管得对吗？

2015年10月某天，在湖北省某县一所初中，三（一）班班主任在点名时发现少了四个学生，隔壁班的老师也说少了两个，于是班主任立即报警。该县警方接到报警后随即展开调查，并在当晚发现这几个学生可能在武汉市某区。该区公安分局收到协助请求后，立即派人寻找。第二天下午1点多，经过全力寻找，民警终于在辖区内一家网吧找到了这四个学生，但另外两名女生已在前一天晚上离开武汉前往浙江。于是，警方又马不停蹄地赶往浙江，终于在一家宾馆中找到两名女生。经了解，就在前几天，女生小毛找到男同学小汪，说她和其他四位女同学已经协商好了，准备等到凌晨就从学校逃出去，小汪决定和她们一起走。于是，当天凌晨1点30分，趁着黑夜，小毛等六人带着几百元钱，偷偷从学校篮球场旁边的围墙翻出去，然后坐长途汽车到武汉。当晚，这两名女生又乘坐火车前往浙江。为防止家长找来，他们把手机卡也都丢了。原来，他们觉得"学校和家长管得太严""自己学习又不好，感到很压抑，想出去散散心"，于是心生逃学的念头，想到外面闯世界。①

在学校教育中，管理是实施教育的前提条件，也是立德树人的辅助手段。

---

① 案例整理自网络新闻。

学校管理应该严格到何种程度？或者说，符合儿童发展的目的、切合学校生活特点的管理究竟是怎样的？这不只是技术操作或经验积累的问题，更是蕴含伦理意义、指引价值追求和行动选择的问题。如上述案例那样，个别学生因无法忍受"严格"的管理制度而选择"逃离"学校，这种现象究竟如何看待？表面上，这似乎是学生的问题，他们自己放弃了受教育的权利，当然也就放弃了自己的教育利益。甚至更进一步，从法律层面看，他们没有履行未成年人接受义务教育的义务。但果真是这样吗？学校是不是没有过错？假如校长和管理者对这一现象的认识止步于此，继续以严苛的规章制度管控学生，甚至施以严惩，这又会怎样？

学生的诉求和学校的要求，到底哪一个更重要？显然，这揭示了学校中一个看似简单而又极易被忽视的问题：谁的立场？怎样的立场？学生在学校中想要有更多的学习体验和教育生活，而校长和管理者往往更容易关注学校短期的办学成效和显性结果，譬如，师生遵守规章制度的情况，每周例行检查和评比的情况，教师对上级安排任务的完成情况，学生成绩和学校名次进步与退步的情况，等等。这些事务固然重要，但是在这些可见的"数据"背后，还有更为根本的教育立场和更加审慎的道德维度需要维护。在现代社会，随着教育制度化和体系化的不断推进，学校教育及其管理过程逐渐规范化、标准化，它也必然要求学校管理伦理的重心发生变化。本章主要基于学校管理的这些特征，尝试从伦理的视角审视其实践逻辑及其正当性，探讨学校管理变革的基本趋势，进而为高质量教育体系建设提供可能的方向。

一、学校管理：绩效与道德

改革开放以来，我国经济社会等各领域都自上而下地进行了一系列重大改革与调整，实现了新的发展和创造。以1985年中共中央颁发的《关于教育体制改革的决定》为重要标志，教育领域也迎难而上，以体制改革为抓手，重点对制约教育事业发展的教育体制弊端进行了大刀阔斧的改革。尤其是对教育管理权限进行了重新调整和划分，强调基础教育管理属于地方，实行

"地方负责、分级管理"的原则。此后出台的一系列重大教育改革或规划,如1993年的《中国教育改革和发展纲要》、1998年的《面向21世纪教育振兴行动计划》、2010年的《国家中长期教育改革和发展规划纲要(2010—2020年)》,以及2019年的《中国教育现代化2035》等,也都沿着"简政放权"的总基调,从不同层面将政府权力下放、提高学校办学自主权推向深入。在这种"接力式"改革行动的促推下,政府、学校和社会关系持续得到优化,学校办学活力得以显现,办学自主性不断提升,变革的动力也逐步增强,学校开始真正成为自身决策、发展和变革的主体。

在此过程中,作为向全社会实施公共教育的主要机构,学校逐步建立了一种理性高效的控制模式和分级分类的筛选机制,目的就是为了让每个学生都能接受教育,并尽可能在确保教育公平的同时提高培养的效率。因此人们就会看到,无论是主动适应还是迫不得已,今天的学校都建构了一套与政府或其他公共机构并无二致的科层制管理模式。在这种模式中,权力和身份是人们习以为常的要素;权威和规则获得了合法性,它们构成个人和组织行动的法理基础;组织的规则通过自上而下的合理程序指向精准的目标,形成对组织内各项工作的控制网络,从而使投入获得最大的效益、使运作实现更高的效率。同时,它的运行方式是相对固定的,且由于其中存在权力的分散、角色的分工,在组织成员之间也会形成特有的交互作用和相互依赖的模式。科层制的这些特征,为学校选择"适切"的行动方向和做出合理的决策提供了意义框架,也使组织管理的理念和形式获得一种"实质"表达。不过,这种稳定、规范的制度或机制在特定的时空中也会走向定型,一旦变得僵化,无论对于学校还是其他利益主体,都将会是极其危险的事情。当然,我们也看到,学校所处的环境也并非只体现出理想意义上集中、稳定、同质的单一特征,而往往潜藏着松散、流动、异质的复杂特征。在治理的语境中,虽然校长在正式结构中属于管理者,但是教师、管理者以及学生都是自主的行动者,他们也会影响或调控管理过程。这种非计划、非正式或自发形成的行为方式,已然构成了组织的非理性基础。

那么,究竟如何进行学校管理?又要怎样处理管理者与被管理者的关系?

学校管理的措施是否有助于实现教育目的？这些问题都有待进行伦理上的分析与反思。学校处于社会中，与社会有着千丝万缕的联系，社会变革中几乎所有的要素和价值都有可能会浸润在学校管理实践中。在我国传统社会中，"统治"或"管制"的思维较为盛行，管理者对被管理者拥有绝对的支配和控制权，被管理者只能被动地服从管理而缺乏必要的自主权和自主性。进入现代社会，随着民主观念进一步深入人心，法律法规不断健全，管理中的那种绝对的支配关系受到冲击，管理者的权威不再具有天然的合法性，其来源的正当性和基础都有待在特定的实践情境中接受检验。不仅如此，每个成员在人格和权利上都是平等的，管理者不再能够轻易地将个人的意志强加于他人。尤其是在教育实践中，面对理智和心智正在发展的儿童，管理者需要具备更加敏锐的眼光和审慎的思维，不仅要意识到学校环境中所特有的专业伦理规范，而且应该尝试以规范为中介和方法，对学校工作中的各项管理事务、程序和条例加以重新思考，用以解决在管理过程中实际遭遇的道德问题。

然而，当代教育系统是一种制度化的教育系统。在这一系统中，制度和规则成为系统运作的主要方式，无论是各级各类学校还是具体学校中的具体事务，都依赖规范化的管理或程序，并且要在规范化的框架下促进办学效能的提升，进而实现教育目标。这也意味着，无论是校长还是教师，他们都需要担负起某种绩效责任（accountability）。所谓绩效管理，其目标实现与问责的方式密切相关，主要关注的是预期目标能否以及在多大程度上实现。它通过"成本—收益"的测量方式，可以为学校工作提供多方面信息，以激励乃至调控学校成员的表现，进而达成组织及其成员的自我检视、调适和完善的效果；同时，绩效也可以引导行动者以可测量的目标或指标为目标，动态性地调整其行为表现。通过引入这样的管理机制，学校可以提升系统内部的效率和效益。[1] 绩效管理所强调的诸如指标或标准、工作职责、履行职责的表现、评估、奖惩制度等内容，[2] 就会成为他们的行动指南。这样，校长、管理

---

[1] Maroy, C. Xavier Pons. Accountability Policies in Education [M]. Switzerland: Springer Nature Switzerland, 2019: 1.
[2] 吴清山, 等. 教育绩效责任研究 [M]. 北京：九州出版社, 2006: 4.

者和教师在实践中便能够排除个人的意见和情感，按照既定的规章来实行监督管理，以确保对教师或学生行为的调控。

作为学校的领导者，校长和管理者的根本任务在于创造健康有序的学习环境和生态，促进学校在组织系统、制度机制、教育教学过程和结果等方面持续改进。来自学校外部的制度框架虽然有统一的标准或指标，但却很少为每所学校的具体情况留有调整空间。就学校管理工作而言，在学校外部统一的制度框架以外，学校生活各个方面都包含着进一步发掘的价值要素和育人资源，而这些内容也都可以变成有待评估和对话的伦理议题；同时，也需要着眼学校内部教师、学生及其所构成的共同体的预期需求，使相互关联的自主和基于信任的责任意识得以发展。① 在此意义上，绩效和问责的约束虽然会取得一定的管理效果，但这种集中的、自上而下的管理和问责容易削弱专业人员在学校教育中的权力，过于严苛的管理模式也会限制被管理者的主动性和创造性，导致学校成员自主活动的机会和道德发展的空间受到限制。因此，从长远看，严格的绩效和管理并不足以激活不断更新的专业精神，在学校成员真正面临道德层面的选择或困境时，也难以激发自主应对的敏锐性和行动能力，甚至会消磨掉他们从具体情境中发现特定的专业伦理要求的意识，更不会主动将一个日常问题识别为有待探索的伦理问题。

学校是教育体制与教师之间的中介，教师则是学校与教育对象之间的中介。② 在这种情况下，学校自身的道德立场和伦理取向显得尤为重要。学校及其管理者不仅作为教育体制的代理者，承载并传达着教育过程以外的国家意志，而且需要慎重考虑如何代表和表达具有抽象性的外部意志，否则学校管理者与教师、学生之间的关系将会进退失据。绩效取向的管理虽然会规范学校的教育教学行为，并可能会将学校决策的意外后果降至最低，但如果仅止于此，教育的独特性和学校的道德意义就难以显现。当前，学校管理的绩效取向开始转型，无论是宏观层面的国家决策还是具体学校的办学理念，都开

---

① Godfrey, D. School Peer Review for Educational Improvement and Accountability [M]. Switzerland: Springer Nature Switzerland, 2020: v-viii.
② 陈桂生. 教育学视界辨析 [M]. 上海: 华东师范大学出版社, 1997: 361.

始更加关注育人为导向的道德实践,校长、教师和学生开始以特定的方式对绩效衡量系统中的激励机制做出反应。也就是说,他们不再是被动的"刺激—反应"的承受者,而是道德行动的实现及其结果的承担者。更进一步,他们的行动也不再仅仅是响应学校外部的约束,而是成为一种出于内在人格品质和合乎道德考虑而做出的自主选择。这意味着,学校管理的伦理意蕴比绩效考核更为根本,当然也更加难以衡量和评价。并且,由于它取决于管理人员的内在动机,其实现也更加艰难。如果说绩效的取向是明确地以学校整体利益为导向的,那么道德的取向就面临着在学校、校长、教师、学生的独特利益之间进行权衡和排序的难题。在不同的情境和案例中,所关涉的利益主体和利益性质可能存在差异,甚至在特定利益之间还会出现冲突。

进一步来说,在众多的管理要求、利益诉求以及其他合理的需求中,并非所有的需求都具有突出的社会或道德的重要性。特别是从教育的立场出发,"教育直接构成了每个儿童的基本利益"①。这意味着,对于那些在学校管理中应当予以承认、尊重和保护的基本权利和自主权,或者需要主动承担的职责与优先考虑的价值,都应当给出充分的理由。同时,这些权利和自主权也有待与促进儿童发展这一根本立场相协调,并且在合理分析的基础上,寻求那些能够在社会或道德意义上被视为正当的决定和行动。或许,我们可以在重建实践情境中管理伦理的理论的过程中,将种种道德理论置于学校管理领域加以检验。

二、从"以德治校"到"依德治校"

学校是承担社会文化传承、塑造儿童社会认知与文化认同的教育组织。它是现实社会的缩影,它的制度设计、组织形式、运行和工作方式等都包含着充分的社会因素,反映社会不同群体的差异化需求。基于立德树人的根本任务,学校自身的管理应该包含基本的道德原则和伦理特征:学校内部的管

---

① 程亮. 儿童利益及其教育意义[J]. 教育研究,2018(3):20—26.

理手段和方式，如权威的来源、权力的限度、责任的范围、权益的性质、行为的边界、操作的程序等究竟是否合理，需要进行充分的伦理考察；学校的外部环境，如家校社合作、社会的参与等，也应该合乎道德。伦理精神在教育领域具有比其他领域更重要的人文意义，代表着以"人"为核心的有机体系或人文精神的内核。在此意义上，管理行为才能显现应有的育人价值。此外，学校还负有独特的专业责任，学校内部依靠一种非功利性的共同体伦理，即以伦理性的关系为基础，让儿童习得由家庭伦理转换至社会伦理的公共存在方式。

在学校中，校长和管理者无论在何种程度上介入教育过程或是从事教育管理过程，他们都应该是在人格、品行上成为值得信赖的对象。首先，作为道德的人，校长和管理者应具备尊重"人"的价值和尊严的信念，尊重和保护每个学生作为"人"和"公民"的基本权利，并将学生视为潜在的能够自我负责的道德主体。其次，作为道德的公民，校长和管理者应当形成对民主社会及其成员肩负责任的信念，这表现为他们能够处理好与学校、社区、政府等不同利益主体之间的关系，并致力于使学生成为有价值的社会成员。再次，作为专业人员，即面向全体学生的责任承担者和履行者，校长和管理者应该拥有追求真理、力求卓越的信念，促进学生对知识的理解力并激发其探究精神，帮助每个学生实现自身潜能，保护和发展学生的理智自由、学习自由。因此，可以认为，校长和管理者应该是"德育工作者"，同时也应当成为"道德领导者"。

假如这种认识可以成立的话，那么"以德治校"就构成学校管理的伦理基础。如有论者所说的，"以德治校"是实现"以德治国"方略的重要组成部分，它要求教育管理者不仅要树立德育为先的观念，而且要以身立德、率先垂范，做师德建设的力行者。[①] 也有论者认为，可以在学校中实行"学校一把手工程责任制"，即"学校一把手亲自抓，分管领导具体抓，有关部门配合

---

① 詹万生，许建争. 社会转型时期学校德育的反思与构建 [J]. 教育研究，2002 (9)：3—8.

抓"①。也就是说，管理是由"人"操持和执行的活动，但管理的过程与成效通常离不开领导者自身的道德影响力。尤其是在中国语境下，学校管理的意图和结果在很大程度上取决于校长自身的能力和智慧。

领导其施加影响、引导决策的行动方式或艺术起到关键作用，不仅处于学校管理中的核心位置，其独特的角色功能，蕴含着学校管理结构的创新潜能。②就管理过程来看，校长和管理者主要通过计划、统筹、控制以实现对各种教育资源的优化配置，但对学校的运行方向、不同教育主体之间的激励与联合情况、学校面对的特定情境很可能缺乏观照。如有论者所说的那样，在现行中小学管理体制的实际运作中，这种带有"一长制"属性的"校长责任制"，往往既未充分发挥"一长制"潜在的管理效率，又不免带有"一长制"的负面影响。教育行政部门如果将权力下放给校长而学校又缺乏有效的自我管理与监督机制，那么结果很难说会是"一放就活"还是"一放就乱"，而只能取决于校长的人格和校长的"好"与"坏"。③"好校长"的重要性不可忽视，但将"好学校"的期望寄托于主管当局对校长的选择，或是完全交由校长的主观裁决，未免失之偏颇。因此，领导者在专业权威或道德权威上的导向和动力是实施管理的前提，但从管理过程和管理成效来看，并不一定就能带来期望的效果。或者说，以德治校在理念层面的重要性有赖于实际管理中的规范性建设，但与层层落实、严格调控的工作逻辑仍非一码事。

事实上，现代意义上的学校管理已经不再是人对人的直接约束，或者"家长式"的管理，而是形成了以规范为导向和中介的理性管理模式。当代中国正在经历深刻的社会转型，学校管理也正在进行从"人治"向"法治"的转型，这有助于提升学校管理的民主性和法治性。但是，校长和管理者道德修养的提升，还需要与具有普遍意义的道德规范相结合，这样才能共同发挥

---

① 栾传大. 以德治校及其对策研究 [J]. 教育研究，2001 (11): 53—56.
② [美] 马克·汉森. 教育管理与组织行为 [M]. 冯大鸣，等译. 上海：上海教育出版社，1993: 185—192.
③ 陈桂生. "学校管理体制问题"引论 [J]. 华东师范大学学报（教育科学版），2003 (1): 1—6.

道德引领的作用。譬如，在上述案例中，当事学生已到初三年级，不仅学业难度有所提升，而且直接面临着升学压力。在这个关键时刻，学生做出这样冲动的决定，实际上是对学校过于强硬、处处设防的管理方式的一种"抗议"或"反叛"。为什么学生宁愿冒着安全风险、违反校纪校规也要逃离学校？这确实也暴露出学校在管理上的一些问题。当我们追溯一下就会发现，校长和管理者缺乏对教育伦理问题的敏感性，没有关注到学生对尊重、平等、关怀等道德上的需要。正是由于校长和管理者忽视了学生在学校中真实的学习与生活经验，甚至遮蔽了他们原本试图"沟通"和"求助"的渠道，才导致了如此出乎意料的后果。在此过程中，即便管理者自身具备高尚的道德修养，也不能保证能将这些个人因素转化为具体的道德行动。

从学生的立场看，他们对学校生活的接纳和认同，一定程度上构成判断学校管理合法性的标准。也就是说，如何引导他们自愿融入学校生活并合理地对待学习，这是校长、管理者和教师必须要关注和解决问题。更进一步，即便校长和管理者有意识地避免对学生进行机械和强制的约束，并且没有忽视学生的内在体验，但如果仅仅依赖于学生对教师或者学校管理人员的喜爱，或止步于某种主观的偏好而没有引导学生对学校管理背后的价值原则及其合理性产生认同，那么同样无助于实现应然的教育目标。此外，如何真正帮助每个具有不同个性特征的学生找到适合自己的发展道路，单单依靠领导者的道德品质作为支撑也是不切实际的，它需要让学生真正参与到学校管理的过程中，从中获得独特的位置和角色，从而在量化标准以外获得更多维度的经验和多样化的评价。唯有如此，他们才有机会从一个共同的愿景和目标出发，去建立和维护学校生活运行所应有的道德规范。此时，这些规章条例不只是外在于他们的冰冷制度，而是学校领导者与成员们之间形成的契约和共识。

从以上分析可以看出，校长和管理者如何通过自身的智识和人格影响学校运行，进而促进学生发展，这并不仅仅是业务或技术的问题，而是事关多方利益、涉及多方主体责任的伦理问题；不仅如此，还要关注校长、管理者与教师、学生之间的互动过程和关系品质。当下，学校管理的道德维度开始从确立道德意图转向完善道德规范，从关注"人"（管理者的道德人格和道德领导力）向关注"事"（按照专门的道德规范去管理）转变，这就更要认识到学校管理的复杂性和多样性，并对学生做出更加全面的评价。需要强调的是，规范和制度并非一成不变，它不仅依靠校长和管理人员的执行，也有赖于执行者恰当地运用。秉持道德的出发点并不能确保管理过程一定合乎道德，也并不一定能完全实现道德的结果，它们离不开普遍化的基本规范的维系，以及来自更为根本的道德原则的检视。

三、从"提高道德修养"到"关注伦理决策"

一般而言，学校管理涉及两个层面：一是学校领导层针对教师队伍的管理。领导者对教师的管理内容和方式并不仅仅关乎教师本人的利益，而是经由对教师行为的考评和监督来维持学校秩序、把控教学质量，进而评估学校工作的效益。不过，仅从有效管理的角度出发，所做的决策很有可能会偏离教育的初衷，或者不利于教育本身的持续发展。换句话说，对教师实施的管理过程和成效也会对学生的获益情况和发展状况产生影响，甚至可以说，教师如何对待学生，或者他们选择何种方式来传达指令、管理学生，这些行为都会有意无意地反映出他们自身所受到的约束和承受的压力。而这种自上而下渗透的影响力又是极易被忽视的，其中隐含着亟待被发现和重建的伦理原则和伦理意识。二是学校管理者或教师针对学生群体的管理。管理者或教师不仅是专业人员，而且是相较学生而言更为成熟的道德主体。他们的一言一行会对学生的成长带来直接或间接的影响，这也意味着他们必须清醒地认识到自身行为将会导致的诸种后果，并预备为此承担责任。学校管理之难也在于此，只要面向学生，他们就不能理所当然地依照自己视为合理的信念、意图或者主观愿望来行事，而常常需要对管理手段、教学策略或者言说方式可能带来的后果加以反省。在这个意义上，即便是具有极高道德修养的教师或管理者，如果缺乏必要的实践智慧，尤其是缺少在制定和采取行动方案时的判断和权衡能力，那么也无法确保良善目的的实现。

可见，学校管理是一个非常复杂的过程，因为教育工作者面对的是具有不同生活习惯、个性特征和家庭背景的学生群体，他们在管理过程中如何考量自己的行为，能否遵循基本的道德原则来行事，或者选择合乎伦理的方式去执行规定，都密切关乎着学生们的长远发展和根本利益。回看本章开头的案例，它反映的虽然只是发生在学校中一个很小的管理问题，但这种情形足以提醒校长和管理者，有必要更加慎重地关注学校管理过程，尤其是要聚焦学校管理中的伦理维度。南京市一所中学和上述案例有很大的相似之处，这是一所新建的中学，但是家长却用"苦不堪言"来形容自己孩子在学校中的生活。一些家长反映："小孩走读，每天晚上 9:50 下晚自习，到家就 10:20 左右了。回到家还要做作业，有时候做不完，我就叫她别做了。即便不做作业，洗漱过后要 11 点了，第二天 5 点就得起床，一天下来最多只能睡 6 小时。学校第一周第二周都不放完整的假，只有周日下午两三个小时能回家洗个澡，到了第三周放两天假，才能好好补补觉。小孩告诉我，早上都会打瞌睡，我也没办法，只是心疼。"也有一些家长表示："以前我家小孩画画不错，还会弹乐器，现在都没办法继续了，他对什么都失去了兴趣。'妈妈我困'这句话，都成口头禅了。"更有家长说："我家就住在附近，但是也不能随便去看孩子，送东西也不行。眼看着小孩身体垮掉了，学习成绩又在下降，我就开了个假证明把他领回家来住了。"

与家长如此激烈的态度相反，学校的重心则是在学生的学习结果上。该校的一位校长表示："通过一个学期的努力，我们学校在社会上已经建立起了很好的声誉。刚开始，我们学校比 Q 中学（指南京某区一所重点中学）低几十分，最近一次考试我们总平均分只比他们低 15 分。新学校有新学校的魅力，我们可以说是本区管得最严的学校，和苏北的几所学校建立合作关系，实行的是封闭式的管理。如果没有思想准备，最好不要来我们这里读书，把小孩送来这里的家长都是懂事的。我们办这个学校的目标就是尽快冲击南京市最好的中学，打破过去的垄断局面。从发展趋势看，我们明年的分数线肯定比去年要高很多，可能比 Q 中学差一点，但是跟 L 中学（南京某区另一所老牌高中）比起来应该不差。"该校长还指出，学校的管理其实做得张弛有度，并非只有严苛的一面。"我们学校也会创造一些空间让学生放松，如诗歌朗诵、元旦汇演等；此外，还有学生的行为习惯教育、信心教育等。"①

校长和管理者把关注的重心放在学校的排名和位置上，这也是由他们所处的位置及所担负的职责决定的。他们既是教育工作者，应该致力于实现所有学生的利益；他们也是学校的运营者，必须要向现在和未来的家长推荐学校。在一个以不完全的测量为特征，由诸多利益相关者参与、包含不同层次目标的领域，人们如果只关注那些可被明确测量和表现出来的维度，就可能会以牺牲更重要的目标为代价。通常，在自上而下、分级负责的教育管理系统中，可见的教育成效和可测量的（经济）效益构成优质教育的重要分析维度，在学校实践中各种教育活动也被分解为不同的任务或指标，这些指标通过层层下达，实现对学校和教师教育过程以及学生学业情况的持续监督。在此基础上，学校也会进一步制定更加明确而具体的规划或设计，并以此为标准来规范教师教学设计、教育绩效评估、学生的日常行为表现、学生的学业成就或学习结果。但是，在这个过程中，教育管理与评价中的伦理维度或规范层面很难转化为操作性技术，因而在学校管理过程中被有意无意地忽略了，这就导致教师在设计相关学习任务时，会更倾向于将学生的学业标准与操作化的评价标准相挂钩，学校教育质量也就简单化为学业质量或结果质量，甚至被直接限定在学业成绩的范围内。②

面对教育的公共实践，校长和管理者个体内在的道德品质或私人道德其实并不起决定作用。教育管理的成效及其正当性，关乎的是专业伦理规范的完善性、如何运用这些规范来优化学校管理，以及能否促进学校内部各层人员参与伦理决策。而要使一般的规范成为每个教育工作者的观念和行为，不仅有赖于他们对这些规范本身的认知和理解，而且需要提升他们在真实情境中运用这些规范进行伦理决策的能力。③ 在这个方面，尽管德性完善发挥着根

---

① 中学管理苛刻住校太苦　众家长开假证明领回孩子［EB/OL］.（2008-3-19）［2022-10-8］. http：//www.Gaokao.com/e/2000319/4b8bc9a19bbbb.shtml.

② 杜明峰. 教育质量评价的科学取向及其伦理反思［J］. 教育发展研究，2022（6）：65-70+77.

③ 程亮，翟金铭. 面向伦理决策的师德教育：为何与何为［J］. 教育发展研究，2021（24）：16-23.

本作用，但仅仅诉诸德性的取向是不够的。依托内在的品格或境界，诉诸高尚的道德理想，并不直接能帮助管理者在面临实际问题时做出恰当的选择，脱离专业实践的道德修养也不能得到提升，而必须在长期、持续的研修和学习中臻于完善。这个过程可能更能标识校长和管理者的道德实践，也更适合作为实现专业发展的行动标准。这些都表明，比提高校长和管理者道德修养更"紧要"的，是要关注他们如何应对真实情境的不确定性，考察他们如何在各种特定情境中识别出伦理问题，或者如何敏锐地感知日常事务中的道德影响，然后就此设计可能的行动方案，做出一个更为恰当的选择。

这些都表明，学校中的伦理决策不可或缺。特别是作为教育工作者，在面临选择或者遭遇实践困境时没有理由视而不见，他们总是需要在各种价值、原则、规范之间明辨倾向和立场。在前面提到的案例中，学校已有100名左右学生通过家长提供的假证明选择走读。家长们之所以出此"下策"，主要也是为了自己孩子的身心健康，尤其是家长感知到学校的管理和规定已然与学生身心健康和学习品质的提升相违背。在这种情况下，仅仅诉诸管理手段进行规制，或者依赖校长和管理者的道德修养并不能完全消解其中的分歧和冲突。有效应对和解决的思路，首要的是对问题进行准确定性，然后进行决策和审议。也就是说，要将问题情境识别为伦理慎思和决策的情境，将各个主体的利益和所需遵循的各种标准纳入考量，通过广泛、深入的对话，确保学校、管理者和教师所做的各项决定都能得到道德上的充分辩护。就伦理决策而言，其出发点和归宿都指向两个重要方面——学生和专业。前者作为个体实践者对学生的义务，即维护学生利益；后者作为专业集体成员对专业的义务，即维护专业品质。二者不仅共同反映出教育对社会的公共责任，也彰显了道德实践在教育领域中的独特性，进而赋予教育工作者在专业或道德义务以外更多的自主性。

无论如何，教育不是一种单纯的技术活动，而是一种道德实践。相应地，教育管理也应该是一种道德实践，关乎学生发展的每一项实践都应当蕴含道德意义，都要致力于"引人向善"。具体来说，这种道德意义体现为两个层次：一是底线共识层次，主要规定教育工作者必须具备的信念和禁止碰触的行为边界，譬如对学生基本权利的维护。二是多元价值层次，主要为校长和管理者在教育实践中面临特定环境条件或问题时做出恰当的判断和自主的选择，提供权衡的依据和完善的空间，使其最终做出的选择或决策方案因教师个体所持价值立场差异、对同一价值内容的诠释和实践方式差异而有所不同。

学校管理作为一种伦理性的专业实践，不可避免会涉及诸多伦理问题、冲突或困境。这些冲突或困境是教育工作者单纯依靠对职业道德规范或准则的应用所难以充分应对的，它们需要校长、管理者、教师等多主体共同做出伦理决策。这也意味着，他们需要具备有关权利和义务、权力和责任相一致的意识与公正无私的态度。更重要也更困难的在于，作为专业活动的承担者和执行者，需要具备道德实践与反省的素质，他们不仅要执行好常规活动，也要帮助他人发展出人际交往的道德品质。学校管理实践所负载的道德意涵及其背后的价值取向也并非是固定的、无争议的，而是会随着教育变革的背景、上传下达的教育政策以及学校内部动态变化的情境而改变，有时甚至会面临难以消解的矛盾或冲突。在这种情况下，理想层面的人格影响力可能缺乏现实的效力，特别是在各种教育口号层出不穷，纷繁复杂教育理念不断上演的今天，校长和管理者"大谈小做""只说不做"的状况随处可见，毕竟"做起来"比"说起来"要难得多。① 这就需要探寻那些具有争议性的问题的来源和解决路径，通过持续的协商和讨论加以解决，最终落实为教育专业人员的伦理责任。

此外，学校管理涉及的事务或议题本身就具有特殊的复杂性。一方面，学校会受到教育行政部门的直接领导，并以外部教育政策和规定为行动方向；另一方面，学校管理也要以学校内部事务为尺度和限度，在实现自主管理的同时充分考量和评估这种决策对学校日常事务和成员利益带来的影响。除此之外，还需要考虑这些决策对儿童更广泛的道德发展是否有影响，有何种影响，如何影响以及影响到何种程度，校长和教师在道德教育上承担什么样的角色和责任。从道德修养的提升与完善转向道德情境乃至困境中的决策审议

---

① 陈桂生. 回望教育基础理论 [M]. 北京：北京师范大学出版社，2007：51.

和应对，意味着学校管理要更加关注具体的情境，完整的系统和鲜活的实践；也要关注伦理决策的程序与过程，考虑行动和路径选择的适切方案，辨析做出决定的过程和结果的道德合理性。

在学校管理中，需要诉诸伦理决策的事项并不在少数。譬如，处理行政或非教育事务与教育事务的关系，教学督导制度与教师专业实践的关系，专业权威运行时领域和边界的问题，规章制度执行时程序的问题，等等。诚如古德莱德（Goodlad，J. I.）所说："学校系统里有多级决策层，这个系统的顶端、末端和两侧都是开放的。"① 对校长和管理者而言，他们的职责与其说是落实教育行政部门所做出的种种决定，不如说需要依据学校自身的特定情况和多重目的而维持学校内与外、上与下的平衡，以及如何在日常决策和工作中提升学校的教育性。但是，在学校管理实践中，校长和管理者往往会偏离"正轨"，将学校教育质量评价的标准窄化为标准化测试的结果，或者干脆视为学生的分数、纪律和秩序，而没有真正关心和关注学生在校的时间安排、学习内容和主题、学习体验以及对待学习的态度等。譬如，学生是不是真的愿意接受学校中既定的学习事务和日常活动？有没有激发起他们在日后继续探究人类文明的兴趣？是否喜欢或者盼望在学校中度过大部分的成长时光？诸如此类的问题似乎更容易被忽略，但它们又是学生至关重要的教育利益。

四、从"人际伦理"到"组织伦理"

学校作为一种社会组织，因承担教育的公共职能而具备特定的伦理属性。在这样一个公共体系中，与学校管理有关的一切事务都不是独立发生的，学校的管理实践始终与更大环境中的社会变迁、制度变革相勾连，不仅受到特定社会的文化背景的制约，而且反映出教育行动本身的独特意义，也有待塑造学校管理所需的伦理精神。从文化演进过程来看，在中国儒家的身份伦理

---

① ［美］约翰·古德莱德. 学校的职能［M］. 沈剑平，译. 台北：桂冠图书股份有限公司，1999：36.

话语中，血缘关系是一切人际关系的基础，人伦体系以君臣关系为纲、以父子关系为原型。其中，基于义务的行为是单向的而非相互的，个体的价值只有在既定的等级秩序中才有实质意义。就此而言，行动是否出于个人自愿其实并不重要，唯有符合礼教的行为才有助于维系以家族为核心的伦理实体。道德原则是相对于关系中的层次结构而有所变通的，根据关系的不同而会引发不同的道德意识和情感，这种诉诸情感的伦理反过来也指向关系的稳定与和谐。可见，无论是社会管理还是人际交往所需要的"规则"，都属于隐含在"伦理"或"人伦"关系中的实践逻辑，或者说其实是依附于后者而存在。

不过，这种内外一致和协调统一的伦理纲常在现代化进程中遭遇了诸如"族群""群己""人我"等关系变革的挑战。近代以来，随着社会领域的兴起和公共观念的产生，中国社会的交往生活伦理正经历从私人交往关系向公共交往关系的转变，基于血缘、地缘等特殊关系和区分亲疏远近的私人生活共同体正过渡为基于业缘关系和陌生人普遍介入的公共生活共同体。当然，这并不意味着社会道德体系的重建可以脱离这种底色而实现。相反，宏观社会环境的改变已经为种种微观的生活形式的更新提供了观念和实践的条件，比如社会成员在政治和法律地位上的平等化诉求，社会性的道德而非宗教性的道德在价值体系中的优先性，公共领域的开辟和扩大以及其间思想和观点的多样化等等。这些迹象与倾向不仅体现在一般的社会生活中，也已然渗透进或滋长于学校生活中。

时至今日，寻求关系性、群体性的意义根基，仍是"伦理"问题的根本所在。在当代学校实践中，维持和发展一种和谐的伦理生活和精神形态，应该构成学校规范和制度建设的重要来源。具体来说，它表现为两种取向：一是以个体尊严和主体间的互惠性为基础，指向关系和谐的人际伦理。学校管理中的人际关系是多重的存在，交织着正式的专业关系、权力关系以及日常的人情关系。其中尤其涉及管理者与被管理者的身份差异，但这并不等同于一般组织中的等级差异，换句话说，学校管理者与普通教师之间不应是支配与从属的关系，而更多是引领与信服的关系，同时，他们所共同从事的工作都在更为根本的层面上服务于教育者与受教育者之间展开的专业活动。二是以公共机构赖以存在的价值和共享的发展愿景为出发点，指向身份认同的组织伦理。在组织的框架下，学校成员可以创造共同的规范和标准、建立相应的秩序和结构，学校作为一个整体的形象更为鲜明。相较于制度化的组织形态，单纯依靠人际关系的管理方式显得随意性和变动性较大，因而如果学校管理忽视组织效益，缺少团体或者共同体意义上的理念和预期，过于依赖情感导向的、自发形成的人际关系，那么很可能会破坏学校事务的公正性与客观性。也就是说，学校管理的成效与正当性，除了要靠和谐的人际氛围来创造与维系外，还取决于学校组织伦理是否成熟和完善。然而在实践中，学校办学和管理更容易受到外部评价指标的约束和"指挥"，使得学校管理被限定于"投入—产出"的经济学范畴，或者脱离具体领导过程而崇尚质量监测和问责模式，从而弱化管理和领导行为本身的正当基础。

在社会体系中，教育不仅发挥着社会延续和更新的功能，而且承担着批判性理解的责任。该功能的发挥依赖于学校共同体保持其相对自主性，亦即学校必须能够抵御来自财富、权力等其他领域的限制或支配，并使学校本身成为一个独特的分配领域。① 因此，学校不应该只是个体为获得体面工作需要而养成谋生技巧或能力的场所，而要成为维护公共利益的关键机构。但是，社会公共性危机在学校中的渗透，把教育和学校生活的公共价值置于危机的边缘，如吉鲁（Giroux，H. A.）所担心的，公共教育的市场化、功利化、意识形态化等价值危机，表明教育的公共价值观、民主公共生活目标正遭受非教育领域力量的支配。譬如，许多学校模仿监狱文化来进行管理，任由刑事司法系统的扩张进入学校生活。此外，弥漫在众多学校之间的共同感并非来自积极投身公共事务或共同善的学校生活本身，而是由倡导个人化的竞争所催生的无知与恐惧。② 由于无法避免来自大众社会及其外在目的的侵蚀，作为公共机构和公共资源的学校，需要在价值坚守上承担比以往更艰巨的使命。

---

① [美] 迈克尔·沃尔泽. 正义诸领域：为多元主义与平等一辩 [M]. 褚松燕，译. 南京：译林出版社，2002：264.
② [美] 亨利·A. 吉鲁. 教育与公共价值的危机 [M]. 吴万伟，译. 北京：中国人民大学出版社，2016：77.

随着民主观念不断深入人心，各级各类学校都在学校管理中大力推进民主建设，尤其是在"治理"的语境中，学校在各方面工作中都加强了多元主体参与和协商。譬如，一些重大决策会听取学校教职工、学生和家长的意见，学校与社区的互动也日趋频繁，相关制度和机制建设也不断完善。但即便如此，也并不意味着学校的管理结构和方式就发生了根本性变化，在学校管理中依然延续着命令式、威权式的管理和决策方式，缺少自下而上的监督，缺乏对组织间和组织过程的关注，更没有形成基于共同协商确定的准则。在学校管理中，依然存在主动与被动、主要与次要、重点与非重点的区隔化行动。学校是基于公共使命和公共责任组织起来的机构，校长、管理者和教师都是承担这种独特使命和责任的专业人员，他们既是利益相关者，也是治理主体，唯有各主体之间相互依赖，使得整个学校治理环境变成互依互赖的整体，通过利益相关者的互动、交换和分享资源，共同参与、相互沟通和依赖，才能形成并制定共同的行动策略，营造良好的教育生态。[1]

学校是多主体共同参与管理的教育共同体。学校管理涉及校长、教师、学生等诸多主体，执行和实施管理的组织机构就由这些主体共同构成，因此，学校管理品质的高低也直接取决于他们之间沟通和协同的程度。无论是校长、教师还是学生，他们在此过程中都面临着不同角色或身份的叠加和转换，管理的主体同时也是被管理或被监督的对象，被管理的对象也可以获得自主管理的契机，即同一主体兼具管理者和被管理者的角色。譬如，校长作为学校教育事业的领导者，一方面具有相对而言较大的专业权威，另一方面则受到专业伦理规范的约束；教师不只作为学校各项事务的具体执行者，他们也直接承担着教育教学的专业责任，应当拥有充分的自主权；学生不只是在学校和班级层面接受管理的对象，其潜能的自由和充分的发展还有待学校提供必要的支持条件。归根结底，学校的领导者和管理者必须首先是教育工作者，并遵循教育专业伦理。正因如此，有必要从关注社会系统的效率和外部结果

---

[1] Kohler-Koch, B. The Evolution and Transformation of European Governance [C] //Kohler-Koch, B., Eising, R. The Transformation of Governance in the European Union. New York: Routledge, 1999: 13—35.

转向重视各主体行动的正当性和学校运行的内部过程，确保他们都能在适当的位置上发挥应有的作用，并在提升组织效能的同时，共同促进学校制度的完善和各项目标的协调推进。

因此，学校亟须主动进行学校管理创新，以回应和落实新时代教育改革的要求。在此过程中，组织伦理建设有利于建立更加稳固和更具认同度的领导基础，因为每个人在道德上的认知能力和意志力是有限的，组织性、制度性的事实对行动主体的强大影响力，使得普通个体的行为选择很大程度上受制于外部条件。对于身处不合理或不道德的制度、自身道德意志又不够坚定的人，很容易功利性地选择迎合外在的制度安排而迷失个体良知。程序的缺失在学校管理制度的运行中并不少见，诸如教育方案起草、调研分析、协商审议、文本撰写、民主表决等基本环节，不同学校往往有着不同程度的缺失。① 制定规章条例虽然必不可少，但很多学校只关注制度文本的撰写和颁发，而忽视产生文本的前期准备工作，以及最为关键的民主参与和协商讨论，由此导致文本的功能发挥不力，执行规章的过程也可能出现不公开、不公正等情形，甚至还可能会违背相关法律法规。

实际上，人际伦理与组织伦理并不能相互取代，而应当是相互补充和支撑的关系。前者在更大程度上着眼于情感和关怀，侧重对关系的需求，有助于在学校成员（无论其角色是管理者、教师还是学生）间培育信任的联结，使沟通和合作更为畅通；后者则着眼于组织制度的健全和民主程序的完善，从各个成员的自我利益中建构起共同的愿景，激活组织变革和创新的动力。同时，从关怀的立场来看，关系中的"人"在彼此间占据着绝对价值，相互都不能被用作达成目的的手段。不过，这种关系并不依赖于亲密性，而是看重每个人享有的内在尊严，健全参与共同体的成员之间互动的"底线"。唯有处于关系中，个体才能是完整的。在致力于关怀伦理的学校共同体中，人际关系的完整性被视为是神圣的，它超越了对教育效率和学业成绩的关注。在学校环境中，正义的立场包含两个层面：一是个人选择公正地行动，二是共

---

① 王治高. 学校制度文化的反思与重构 [J]. 教育研究与实验，2015（5）：23—27.

同体选择公正地指导或管理其行动。这两个层面在实践中是交互呈现的,即个人的选择是在对共同体选择(如学校政策)有所了解的情况下做出的,学校共同体的选择也在一定程度上视个体每天所做选择的情况而定。

  在当代中国,学校管理迎来了"治理"的时代。治理时代的教育更加强调有效地整合政府、学校和社会等多元利益主体的力量参与教育,更加倡导满足社会多样化要求和学生个性化需求,以及注重建构更加健康、有序和充满生机活力的教育生态。这种取向或指向,意味着必须重新审视学校过程,以符合新时代高质量教育体系建设对学校教育的新要求。在我们看来,建设高质量教育体系离不开对学校伦理或道德维度的考察,我们需要将"学校管理"视为一种伦理行动,探索管理主体、对象、关系以及相关事务背后的伦理意蕴。学校管理虽然不是直接的教育教学活动,但它对教育教学过程的支撑,对教育质量的提升都具有重要意义,所以对学校管理事务进行伦理的考察,从根本上反映的是教育自身的立场和价值。正如赫尔巴特所强调的那样,管理是教育中必要的预备措施,可以创造一种有秩序的环境,为接下来进行真正的教育做铺垫。① 更进一步说,一方面,人们无法依靠标准来使生命有价值,如同不能依靠给定的标准来确立适当目标一样。如果意欲维持、改善生活的质量或发展状况,就需要对它们进行持续的批判性反思。② 另一方面,尽管组织机构都倾向于使规则和标准操作程序成为某种主导力量,容易忽视甚至限制其成员的能动性,但在现代社会中,唯有组织机构能以意义重大的方式实现道德自由和伦理创造力。③ 总之,学校作为伦理实体,要在教育组织或制度的集中约束与教育主体的自主选择之间寻求可能的平衡。实现这一愿景,离不开对组织决策、组织内外关系协调、组织运行过程情况的伦理对话,以及对如何促进组织和成员的持续发展而进行的伦理反思。

---

  ① [德]约翰·弗里德里希·赫尔巴特. 普通教育学[M]. 李其龙,译. 北京:人民教育出版社,2015:18.
  ② Elliott, P. K. Richard Peters: A Philosopher in the Older Style [M] //Cooper, D. E. Education, Values and Mind [M]. London: Routledge & Kegan Paul, 1986: 46—47.
  ③ Starratt, R. J. Building An Ethical School: A Practical Response to The Moral Crisis in Schools [M]. London: Taylor & Francis e-Library, 2005: 48.

第二章　学校管理者的专业伦理

案例：

校长必须上课吗？

正值新学期伊始，某县教育局为进一步提高教育教学质量，推出加强校长队伍建设新举措，组织全县 13 个镇、20 多所县直学校开展校长公开教学活动。该县教育局要求，所有中小学校长都要上课，且 45 周岁以下的校长要上主课，分管教学的副校长必须坚持上与所学专业对口的课；校长要坚持站在教学第一线，加强教学管理和研究，为全体教师作表率，促进学校教学水平的提高。如果校长、副校长不上课就主动辞职。此外，县教育局还将校长上课、上优秀公开课作为"名校长""名教师"和"先进学校"评选的一票否决的内容，并且列入"校长读书班"的考核范畴，逐步形成身先士卒、奖优罚劣、奖勤罚懒的校长队伍管理机制。该县教育部门认为，校长带头上课、上主课，是深入课堂、融入师生、获得教学指挥权的重要途径，更是提高学校品位和教学质量的有力抓手。①

校长应不应该上课，这似乎是一个不言自明的问题。因为无论是出于学校教学管理的需要，还是从社会公众对校长的角色认知来看，校长都没有不上课的理由。甚至，校长非但不能不上课，还应该是上课上得最"好"的那

---

① 案例来源：洪敏. 对校长不上课就"下课"的质疑 [J]. 中小学管理，2007（6）：7.

个人——他（她）通常被视为是来自"善教"群体中的"领跑者"，乃至是超越一般教师的"佼佼者"。但是，从实际情况看，"校长不上课"早已是常见的现象：有的校长专职于学校管理，不承担任何教学任务；有的校长原来是"主科"教师，走上校长岗位后，就挑选一些"副科"来教；有的校长则经常缺课、找人代课。① 于是，就出现了上述案例中所阐述的现象，为了"固本强基"，一些地方教育管理部门做出"校长上课"的规定。然而，对于这样一个规定，却并没有出现想象中的"一边倒"支持，而是形成了至少三种不同的态度：一种态度认为，校长必须上课。校长固然担任了一定领导职务，但要让一所学校越办越好、教学成绩受到家长和公众认可，校领导首先要扮演教学带头人的作用，以良好的师风、高尚的师德、精湛的教学技能感染全校师生。② 另一种态度认为，校长可以不上课。相对于校长上课，校长听课对于学校教学工作的推动作用更大，并且他们一旦上课就会失去对教学的评价权，不利于学科的发展。此外，还有一种折中的立场，认为校长该不该上课应视情况而定。事实上，以是否上课为标准来评判校长是否合格，或者是"好"是"坏"，本身就面临着伦理上的困难。因此，除了政策先行的因素和行政引领的力量外，还必须寻找内在的支撑条件和恰当的辩护方式。本章主要聚焦校长在教学和管理中面临的角色争议，着重分析学校管理者的伦理准则并反思其正当性，进而为理解和探索学校管理的专业性基础提供一定依据。

一、专业分歧："善教"与"善治"③

学校管理工作是复杂的社会制度的一部分，其中包含特定的发展目标和专门的任务分工。校长不仅要承担学校管理工作，而且要担任以教育教学为

---

① 湛涛. 如何让"校长上课"不成为空话［J］. 山西教育（管理），2016（9）：63.
② 王钟的. 当了校长还要不要上课，这不该成为一个问题［EB/OL］.（2022－09－21）［2023－02－14］ https://m.gmw.cn/baijia/2022－09/21/36039715.html.
③ 本章所用的"善治"概念仅指长于管理或治理，与"善教"（长于教学）相对，因而在词性上与当前常用的"善治"（good governance）概念有所区分。

核心的领导角色,为此需要协调不同部门、人员的关系,制定相关规划方案,建立工作团队,以便解决各种各样的问题。要求校长具备卓越的管理才能或治理能力,这蕴含着使学校管理工作公正、高效、协调运转的愿景,而期待校长具备同样优异的教学技能,则可能使其领导角色遭遇困境。

(一) 校长"善教"的困境

就传统而言,我国中小学校长多来源于教师群体。在这种情况下,校长"善教"的形象就具有一种天然的辐射作用和动员力量。校长成为教育专业活动的实际代言人,有利于彰显其背后广大教师群体的身份特征。

首先,"校长上课"是国家对教育的要求。一些地方的教育行政部门明确规定"校长必须上课",理由是这会"让校领导更加重视课堂提质增效与教学改革"[1],"体现勇于实践的姿态,给学校带来一种学习研讨的教研生态。"[2]特别是长期以来,在中国特有的单位文化之下,有些校长会以当官者自居,将校长视为权力的象征,将行政管理方法直接挪用为学校管理方法,并且将自己与普通教师的地位区隔开来,引起教师们的强烈不适。就此而言,规定"校长上课",旨在督促校长以"教学"为抓手,提升基本的业务能力,从教育实践出发形成引领学校变革的有效方法。为此,一些地区还明确提出,"校长的第一身份是教师",要求中小学书记、校长走上讲台,他们上课的成果要作为公开课和新入职教师的观摩课,并且纳入检查、评比。[3] 还有一些地区通过举办"校长课堂教学比赛",推动落实各学校行政人员任课制度,充分发挥学校班子的引领、示范作用,形成提升质量的"领头雁"效应。[4]

其次,"校长上课"有利于提升学校教学质量。教学是学校管理的核心内容,校长上课可以促使校长更加有效地推动学校针对教学事务的管理工作。

---

[1] 王钟的. 当了校长还要不要上课,这不该成为一个问题[EB/OL]. (2022−09−21)[2023−02−14]. https://m. gmw. cn/baijia/2022−09/21/36039715. html.

[2] 李俊. 校长上课要上在"关键时候"[N]. 中国教育报,2021−02−10.

[3] 王钟的. 当了校长还要不要上课,这不该成为一个问题[EB/OL]. (2022−09−21)[2023−02−14]. https://m. gmw. cn/baijia/2022−09/21/36039715. html.

[4] 姚瑶. 麻章区举办"新课标新课堂"校长课堂教学比赛[EB/OL]. (2023−01−10)[2023−03−04]. https://learning. sohu. com/a/627848315_121619384.

在我国基础教育领域,不少校长在担任校长职务前都是学校中的优秀教师,在师资力量相对缺乏的情况下,校长上课更是能够促进教育资源的合理利用。校长上课还可以改变校长自身的领导作风,改善"干群关系",成为教师们的"自己人",这有利于团结教师群体,使学校管理更加民主和谐。让校长更加"善教",有利于更新校长的教育理念,有效发挥校长的领导力,进而促进学校目标的实现和学校的整体发展。

最后,"校长上课"是熟悉课堂教学、管理教师队伍的必由之路。"校长上课"可以完整地获取课程教学方面的第一手资料,进而有助于校长更加准确地判断学校教学的问题,提升教学领导力,引领学校课程与教学改革,提升教师专业发展水平。如果校长不上课,就会引发其他行政部门负责人的争相仿效,"搞行政可以不上课,成了部分一线教师为摆脱繁重的教学任务,争相向行政管理队伍靠拢的主要原因。于是,还没等外校来挖,优质师资在学校内部就已流失"。[1] 甚至在很多学校,教师任务繁重,流失严重,教师专业能力堪忧,而"校长上课"也被视为解决现实困境的"良方"。

尽管如此,"校长上课"也为校长带来了职业上的显在冲突。一个显见的事实是,"校长的时间是有限的,校长面临的要求却是无限的"[2],这无疑需要慎重考量、选择其职责范围和工作重心,而不是单纯要求校长履行普通教师的职能。要统领和管理全校教师,学校领导层势必得"懂教学",但这并非上几节课就足以实现。相反,对教师群体的专业培训、总体教学质量的诊断以及个体的教学技能评价,这些才是校长真正需要重视的方面。"校长上课"将校长这一本应发挥更大效用的资源局限在了个别班级,势必造成其他资源的浪费,弱化校长在文化、人力、物力、社会等方面资源的管理力度,反而不利于学校目标的实现与整体发展。[3] 不仅如此,担任校长(特别是大规模学校

---

[1] 赖斯捷. 进不进课堂? 这是一个问题——上海奉贤区八成中小学校长走上讲台引发的争议[J]. 湖南教育(教育综合),2009(8):53—56.
[2] [美]塞尔伯特·L. 德雷克,威廉·H. 罗. 校长学[M]. 刘润刚,译. 南京:江苏教育出版社,2008:20.
[3] 季仲平. 课堂教学未必是校长的"神坛"[J]. 学校管理,2017(1):28—29.

的校长）以后，常会因为开会、培训而调课、误课，也常为应对检查、争取学校发展资源而无暇顾及教学任务和质量，致使个人教学与学校管理都处于混乱之中。可见，当我们立足学校管理实践的层面时会发现，"校长上课"这一规定始终会面临不同利益主体的需求冲突和相应的伦理挑战。

（二）校长"善治"的责任

从上述分析中不难看出，支持校长上课的论者多持一种工具性价值的立场，彰显出政府、专家学者、学校教师、社会大众等不同利益群体对校长这一职业所蕴含的专业性的期待。然而，这样的期待无法从根本上支撑校长专业性的内在要求。作为学校办学的第一责任人，校长的专业性必然需要体现在"管理"工作中，那么是否可以认为这必然包含具体的"教学"事务呢？这除了取决于我们在探讨该问题时所处的具体场域和情境外，还涉及问题背后更为根本的决定因素和专业立场。校长"对教学事务的领导"和"对具体教学事务的承担"，这是两种不同性质的行动。罗宾斯和阿尔维（Robbins, P. & Alvy, H. B.）提出，校长具有多重角色，"校长的成功有赖于一种伦理责任，即促进教师学习，以便他们能帮助学生取得进步"。[①] 也就是说，对校长而言，促进教师教学改进的方式是赋予教师权力，使他们达到自身最佳状态。在此意义上，与其说校长应该亲自教学，不如说他们应当及时组建工作团队来进行教学领导，开发相互贯通、协调的课程和教学评估系统，维护由实践工作者和理论工作者构成的专业共同体，为提升教师的教学技能提供所需的评估和指导。

无论把校长视为管理人员还是教学人员，显然校长的工作都是一种专业实践。桑德斯（Saunders, A. M.）对"专业"的定义是："一群人在从事一种需要专门技术的职业，专业是一种需要特殊智力培养和完成，其目的在于提供专门技术的职业。"[②] "专业是一个正式的职业，为了从事这一职业，必要

---

① [美]帕姆·罗宾斯，哈维·B. 阿尔维. 校长之道：只为成就教师和学生[M]. 刘国伟，译. 哈尔滨：黑龙江教育出版社，2016：266.

② [美]布鲁斯·乔伊斯，贝弗莉·肖沃斯. 教师发展——学生成功的基石[M]. 唐悦，周俏纨，译. 北京：中国轻工业出版社，2005：Ⅰ.

的岗前培训以智能为特质,包括知识和某些扩充的学问,它们不同于纯粹的技能;专业主要供人从事于为他人服务,而不是从业者单纯的谋生工具。"① 显然,作为学校的领导者和师生的服务者,校长需要进行专门的培训和专业知识的积累,通过有效实施监督和反馈来创造适合师生发展的人文环境,也使自身的管理行为不流于一项狭隘的技术。实际上,教学领导也是校长"善治"的重要体现,尽管这不是校长主要的甚至唯一的职责。除此以外,"善治"的校长还能够有效管理学校教育资源,为学生提供高质量的教育服务,并带领学校持续改进。

那么,"善教"是否内含于校长的专业标准之中呢?梳理近年来教育部先后出台的义务教育学校、幼儿园、普通高中、中等职业学校的校长专业标准,可以发现,这几个"标准"均十分明确地界定了校长的职业性质,其中"上课"并不在校长的职责范围之内。此外,法律和政策层面也没有对校长是否必须上课做出要求。2013年颁发的《义务教育学校校长专业标准》中,明确规定校长的重要职责是规划学校发展,营造育人文化,领导课程教学,引领教师成长,优化内部管理和调试外部环境。在领导课程教学方面,要求"建立听课与评课制度,深入课堂听课并对课堂教学进行指导,每学期听课不少于地方教育行政部门规定的课时数量"②。这一规定强化了校长在教学管理方面的要求,但并没有对校长上课或"善教"行为做明确要求。可见,"善教"并不构成校长专业伦理的必备要求,成为"好教师"并非成为"好校长"的基本前提。尽管苏霍姆林斯基曾经说过:"如果你想成为一个好校长,那你首先得努力成为一个好教师、一个好的教学专家和好的教育者。"③ 当然,这意味着"校长"尽管是一个相对独立的职业,但总会与"教师"身份有着千丝万缕的联系,以至于人们普遍会对校长寄予较高期待,似乎成为"好教师"

---

① [美]布鲁斯·乔伊斯,贝弗莉·肖沃斯. 教师发展——学生成功的基石[M]. 唐悦,周俏纳,译. 北京:中国轻工业出版社,2005:Ⅰ.
② 教育部关于印发《义务教育学校校长专业标准》的通知[EB/OL]. http://www.moe.gov.cn/srcsite/A10/s7151/201302/t20130216_147899.html.
③ [苏]瓦·阿·苏霍姆林斯基. 苏霍姆林斯基选集(五卷本)·第4卷[M]. 北京:教育科学出版社,2001:575.

才是成为"好校长"的充分条件，但在更普遍的意义上，这种要求很难具有推广性和广泛适用性。

不可否认，一种理想的状况是，校长既"善教"又"善治"。前者能有效提升教育教学质量，让校长发挥示范、激励的作用；后者又能提升管理品质，凸显区别于教师专业伦理的校长专业伦理的特质。但是，这种理想一旦遭遇现实，往往就会很难兼顾，更为常见的情形是"善教"者不一定"善治"，"善治"者也不一定"善教"。诚然，校长的领导能力有时需要表现为亲身示范，但这实则更多指向一种道德实践方式，一套基于优良人格品质的生活和行为方式，尤其是他们在工作中的决策能力和感召力。可以说，这种领导能力是个人综合能力的体现，这在很大程度上并不依赖于教学过程，而是以其为学校组织、教师和学生群体服务效能的提升为准。

二、学校管理者的伦理准则

如前所述，在构成校长专业标准的要素中，更多的是"善治"而非"善教"。因此，即便在学校事务管理之余，校长承担了一定的教学任务，其相应的职责也应以对课程教学的领导为重。实质上，管理和教学分属不同的专业领域，作为专业管理者的校长并不必然或天然地具备教学的专业眼光和思维方式，教学层面的领导无法仅凭校长的个人权威或者主观意见就能实现，而是需要协同从事并且擅长教学或科研的教师才能真正取得成效。在这个意义上，如何凸显校长在整个学校的制度安排和相关管理工作上的统筹和规划功能，实现校长在学校各项事务开展中的专业引领，使具备专长、与学科活动领域相匹配的教育人员各得其所，也使教师在参与管理的过程中获得充分发展，才是探索校长专业责任的题中之义。

由此看来，校长上课与否不是一个孤立的问题，而是学校管理中一个系统性的问题；也不只是校长上课利弊或是否内含专业标准的问题，而是有待考虑校长应当以什么样的目的从事管理和领导，在这个过程中需要怎样进行审慎地思考和自我完善，以及如何以正当的方式履行其职责的伦理问题。尤其在行政导向下，校长可能会遭遇某些伦理冲突。以学校中的教学活动为例，如果只是规定校长必须上课，那么就可能回避对校长的专业性而言更为重要的教学领导能力的重视和评估；为了兼顾教学，校长也会负担过重，疏于投身统揽全局的本职工作。其实，教学领导已然是校长所能从事的与教师教学或学生学习直接相关的活动，而识别自身业务边界、谨守管理专业限度，以便更加合理地分配、调度其他专业资源，是比从事上课更紧迫的要务。又如，教学领导不只是单纯事务性的工作，除了引进、培养教学能手，还涉及道德领导的潜在维度，二者相辅相成，互为表里。如果校长过于看重自身的行政职务和制度权力，或者在价值取向上仅仅看重教学技能和工作绩效，而忽视自身对教师乃至学生的道德影响，那么也是一种失职的表现。

即便校长原本擅长教学，也不能以此为由要求校长兼顾教学与管理，全面履行各项职责，而应该围绕学校管理工作本身的状况、条件和需求来展开工作，并对学校内部诸多工作领域、事项及其决策品质做出更深层次考量。这些考量也应该始于基于"善治"这一专业层面，并不断优化学校的管理过程和育人生态。所以，从管理乃至治理的意义上看，校长未必需要上课，即便被认为应当在一定程度上兼顾教学，也仍然不能回避对其源头和根本逻辑的讨论。其实，决定管理者决策和行动的专业伦理并不仅仅指向教学，还意味着丰富的维度和更为特定的标准。

在校长或者学校管理者的专业发展方面，国外一些国家有一些成熟的做法。譬如在美国，他们成立了很多专业协会，这些协会不仅制定了相应的专业标准，也对专业标准所内含的伦理准则进行了进一步的细化，对校长提出了非常具体的伦理要求。如美国小学校长协会（National Association of Elementary School Principals，NAESP）关于学校管理者伦理的政策声明，美国中学校长协会（National Association of Secondary School Principals，NASSP）的《职位声明：学校领导者伦理》（Position Statement：Ethics for School Leaders），以及后来美国学校管理者协会（American Association of School Administrators，AASA）的《伦理准则：美国学校管理者协会教育领导者的伦理声明》（Code Of Ethics：AASA's Statement of Ethics for Educational Leaders），都对学校领导者提出了具体的伦理准则。三份文件发表的时间不同，但内容大致相似。本书附录Ⅰ呈现的，就是最新的《伦理准则：美国学校管理者协会教育领导者的伦理声明》详细内容。

相较而言，我国并没有对校长的专业职责与伦理要求作出严格的区分。确切地说，没有专门的文件对校长的职业行为进行伦理性的规范，而将其散置于校长专业标准之中，如附录Ⅱ所节选《义务教育学校校长专业标准（2013）》中的相关伦理规定。① 将其与美国学校管理者协会（AASA）所提出的专业伦理准则进行对比，可见表2-1。

表2-1 校长专业伦理比较

维度	中国	美国
根本价值	坚持育人为本的办学宗旨，把促进每个学生健康成长作为学校一切工作的出发点和落脚点。	使教育和学生的福祉成为一切决策的根本价值。
社会价值	将社会主义核心价值体系融入学校教育全过程。	保护所有个体的公民权利和人权。
管理程序	秉承先进教育理念和管理理念，建立健全学校各项规章制度，完善学校目标管理和绩效管理机制，实施科学管理、民主管理。	支持正当程序原则。
权力与影响力规约	立德树人，为人师表，公正廉洁。	禁止利用职位在政治、社会、宗教、经济或其他方面的影响为自己谋取私利。
依法履职	贯彻党和国家的教育方针政策……依法履行法律赋予的权利和义务。	执行地方、州和国家法律。执行董事会的政策和管理规章制度。

---

① 教育部. 义务教育学校校长专业标准［EB/OL］.（2013-02-16）［2023-2-14］. http://www.moe.gov.cn/srcsite/A10/s7151/201302/t20130216_147899.html.

续表

维度	中国	美国
从业态度	热爱教育事业和学校管理工作，具有服务国家、服务人民的社会责任感和使命感。	以诚实正直的态度履行所有的专业职责，并始终以值得信赖和负责任的态度行事。
专业发展	将教育管理理论与学校管理实践相结合，突出学校管理的实践能力和创新能力；坚持实践、反思、再实践、再反思，强化专业能力提升。 牢固树立终身学习的观念，将学习作为改进工作的不竭动力；优化知识结构，提高自身科学文化素养；与时俱进，及时把握国内外教育改革与发展的趋势。	通过研究和持续性的专业发展，维持专业水平，寻求专业成效的提高。
其他	/	为学校董事会提供建议。 采取适当措施，纠正不符合良好教育目标或不符合儿童最大利益的法律、政策和规章。 只接受可信任的院校的学位或专业证书。 重视所有合同，直至履约及双方同意解除或解散。

由表2-1可知，两国关于校长的伦理要求有着相似的维度，但由于两国政治制度、意识形态以及文化传统的不同，它们在具体的内容上呈现出较大差异。具体而言：

（1）根本价值。在这一维度上，中美两国的表述看似相似，实则有很大区别。可以看出，两国共同地将学生福祉作为决策的前提和归宿。不同的是，在美国学校管理者协会的表述中，"教育"与"学生的福祉"并列，二者构成学校管理者专业伦理的价值根基和逻辑起点。若"教育"一词确切地指向学生的健康成长，那么中国与美国学校管理者协会的这两条准则几乎没有差别。但倘若考虑从广义上考虑"教育"一词，那么这两条准则便显现出实质性的不同。譬如，若强调社会价值高于个人价值，那么外在于学生需求的利益则可能过分凌驾于学生的健康成长或福祉之上，这将使校长的管理、决策陷入个人与集体之间的强大张力中。同样，出于教育的外部目的或社会职能的考量，我们也可能过分强调为未来的生活或职业生涯做准备，而忽视学生当前的生活，或者以统一的标准压制学生多元化的发展需求。

（2）社会价值。我国学校中更加注重社会主义核心价值体系的贯彻与落实，要求校长明确"为谁培养人，培养什么样的人，怎样培养人"；在美国，个体的公民权利与人权是校长应该捍卫与保护的，它们作为重要的社会价值，决定着学校应该成为培养国家公民的重要场所，同时也要求校长在作任何决策时，都要对师生的人格尊严、权利和自由发展给以足够的观照。

（3）管理程序。美国学校管理者协会强调正当程序原则，这意味着校长在进行决策时，必须尊重和遵循相关制度所规定的程序，制度本身的产生同样需要考虑程序问题。尤其是做出制裁或惩罚的决定时，应该事先告知相关人，向相关人说明实施惩罚的依据、理由，并听取相关人的陈述、申辩，在此基础上作出最终决定。我国则强调顶层设计、理念先行，关注制度的科学性、完善性以及民主精神的体现。这意味着在制度设计中，校长自身的素质举足轻重，在民主管理中起着引领与指导作用。不过，正当程序原则既有可能包含在科学性、完善性、完整性的要求之中，也可能被排除在外。

（4）权力与影响力规约。美国学校管理者协会的规定显然与根本价值相呼应，表明校长的权力行使与影响力辐射只限于学生的福祉与教育的目的，是一种规范性、限制性的要求；与此不同，我国除了对校长有"公正廉洁"的规范性要求以外，还涉及超越性的维度，要求校长自身应该拥有卓越的德性，以此作为师生的表率，这也意味着，校长不能只是行政意义上的领导者，还应该以促进学生身心健全发展为基本价值进行一种道德领导。

(5) 依法履职。美国学校管理者协会要求校长不仅对地方、州和国家的相关法律有专业的研究与执行的能力，还应该拥有作为专业人士的基本素养，即在有异议的情况下依然执行董事会的政策和管理规章制度。在我国，除依法履职外，党的教育方针政策也是校长进行管理和决策时应该考虑的重要方面。这要求校长有意识地着眼于为国家培养合格的社会主义建设者和接班人，在注重传授知识与技能的同时，还要将政治思想教育纳入其中，使全校师生树立正确的理想和信念。

(6) 从业态度。美国偏重校长的专业态度以及基本职业伦理要求——诚实、正直、负责等素质；我国更偏重于校长教育情怀方面的要求，即校长应该发挥自身在教育事业中的重要作用，将谋生的职业视为一项志业。也就是说，校长应该具有较强的社会责任感与使命感。这虽然强化了校长对教育事业应有的热忱，但也可能掩盖校长应有的理性的专业态度，难以避免为了获取"好"的教育结果而使用不道德的手段。

(7) 专业发展。美国更关注校长的研究能力对自身专业发展的助推作用；我国更注重校长的实践反思能力，并强调校长要终身学习，优化教育管理方面的知识结构与理论水平，推动实践能力与创新能力的发展，既能使用理论指导实践，又能从实践经验中抽象出理论，在把握国内外教育改革与发展趋势的同时，将其付诸实践。

可以看到，中美两国的校长专业伦理准则体现出不同语境下"校长"专业属性的根本差异：美国学校管理者协会将校长看作一个相对独立的专业，而我国实质上将其视作政府部门管辖下的教育行政职位。除上述维度外，美国学校管理者协会还对美国校长伦理作出其他要求：一是美国学校的机构设置和权力分配与中国学校不同，董事会是美国学校办学的主要决策机构，校长作为董事会的聘请人员，有义务履行双方共同认可的合同，同样也有义务为董事会负责，执行董事会的决议，并适时为董事会提供咨询和建议。二是校长能否被聘用，很大程度与其作为校长的从业能力相关，因此在其伦理准则中亦有对其所获证书、学位的基本要求。三是作为一名教育行业的专业人员，良好教育目标的设定与儿童利益的争取是校长所有工作所要考虑的核心，且由于相关制度通道的开放和文化生活形式，相应的伦理准则要求校长必须采取适当措施，以使这些目标、利益可以成为政策赖以制定、法律赖以成立的依据。

三、管理实践中的伦理反思

伦理准则的提出，在于指导校长或学校管理者的教育管理实践。要使这些伦理规范发挥应有的作用，不仅意味着他们要对诸多条例本身有着深刻理解，而且要求他们掌握如何恰如其分地应用这些条例。当相关伦理要求被付诸实践时，还有待回应来自教育情境本身的复杂要求。基于上述伦理准则，对"校长上课"的现象做如下分析和反思。

（一）校长专业伦理准则的实践应用

首先，从学生的健康成长或福祉方面考察，如若校长符合一定的条件，即有资格、有能力、有时间和精力上课，既"能教"还"善教"[①]，那么校长上课是符合学生福祉的。然而，如若无法符合上述任意一项条件，校长上课极有可能不利于学生学习质量的维持和提升，甚至使学生对校长、学校产生不良印象，既耽误学生的学业，又影响学生正确价值观的形成。

其次，从专业发展来看，校长上课可以是观测学校教育教学情况的一种特殊手段，用以了解当下管理实践的部分样貌。教学管理是学校管理的重要部分，不断进行的课程教学改革也使当前教学管理面临诸多实践层面的挑战，在这种情形下，校长亲自上课有助于其直观、准确地把握当前改革背景下课堂的真实状况，如果成为"善教"的校长，便可针对性地引领教学改革和教学管理。就此而言，校长上课可能会促进校长实践经验的积累和理论知识的学习，成为其深入研究课程教学的契机，也是使教学管理在理论与实践层面相结合的可能方法，乃至探索应对当下课程教学改革难题的备选项。不过，这些有利影响只能显现一定的适用性，或者说，只在特殊情况下——如学校

[①] 孙光友. "校长上课"不应一刀切 [J]. 教育，2017（9）：11.

规模不大，各部门分工明确，并且校长确实曾为优秀教师或学科带头人，本身拥有丰富的教学实践经验，也能在行政事务之外获取更多学习、研究的时间——校长上课才不会成为"拖累"，甚或成为其持续实现自身专业发展的最佳方案。但如前所述，大多数校长受时间、精力所限，他们需要在研究、反思以及谋求专业发展的条件方面着力更多，特别是在一个超大规模的学校中，行政事务可能耗费校长几乎所有的时间，此时若再"兼职"上课，这就可能成为最糟糕的方案。

再次，从从业态度、权力与影响力规约方面来审视，校长上课已然超出校长这一职业的内在规定。不可否认，一个主动上课的校长必然有着愿意将自己当作一名普通教师的教育情怀，在理想情况下，这样的情怀的确会感染师生，起模范带头作用，极大地触动教师的教育教学热情、激发学生的学习劲头，使学校的学习氛围更加浓厚。然而，如果校长自身尚不具备扎实的教学技能和育人智慧，缺乏学科教学思维和教育观念储备，那么校长的课堂也有可能会沦为一场"政治作秀"，这种表演行为还会影响其专业权威的合法性基础，引发不必要的质疑。甚至存在这样的情况：当教师被选拔为校长而不再任课后，其他教师就会认定这是以权谋私、有失公正的表现。而实际上，无论从概念分析还是从法定要求来看，校长绝无上课的必然性，因为校长专职于学校管理，即使决定在特定场合或某个时间上课，也应当是出于优化学校管理的统筹安排的结果。

最后，从依法履职与制度程序方面来看，校长上课似乎符合教育部颁布的《义务教育学校校长专业标准（2013）》中"引领课程教学"的职责要求，可看作体察教师工作、团结教师群体、营造融洽的校园工作氛围的一种策略和方式，但从根本上来说，这样的实践是否有效，是否切实有利于学生的健康成长，有助于使学生的福祉最大化，仍然未经充分的辩护。甚至可能未经当地县市校长、教师代表的充分讨论，教育行政部门便"一刀切"地要求校长必须上课，这样的决策显然有失程序的正当性。由于体制原因，同时也考虑将其当作履职的依据和内容，校长只能选择执行，几乎没有可商量的余地，但这明显可能与上述的其他伦理要求相违背，进而在学校管理的范围内出现伦理的冲突。此时，借鉴美国"采取适当措施，纠正不符合良好教育目标或不符合儿童最大利益的法律、政策和规章"这一准则，显然是有必要的。当然，无论是出于对准则的初步考察，还是出于学校管理的其他实际需求，必定存在决策可以执行的情况，然而这也可能存在更深层次的对伦理准则的挑战。譬如，"教师"作为一种公共资源，与之相关的分配必将影响学生的福祉以及校长与其他教师之间的利益关系，因此，校长如何做出与伦理责任相关、与自身能力相匹配的决定和规划，基于何种目的来分配，以及通过怎样的过程进行分配，这些也都必须诉诸程序的正当性。

(二) 校长专业伦理准则的应用限度

如果管理者的决策尚未在核心价值的导向下形成，那么这样的决策必然会与管理者的根本职责相分离，而受到环境因素和一时兴致的操纵。[①] 在校长的职业生涯中，回顾自己做出的决策与自己所持有的信念之间的关系，并据此检查自己所用的原则和所导致的行为结果，这是十分有益的反思。由政府和专业组织制定的伦理准则虽然有助于形成一些维护道德底线并且值得推崇的校长行为模式，但在特定情况下，仅凭官方制定的条例，仍然无法为管理者个人形成适合自身的伦理判断标准以及确定何为对错留出余地。特别是在中国语境下，校长仅仅知晓和服从法律、遵循方针政策及其基本精神是不够的，所规定的专业标准稍显宏大，这就需要校长在实践中进一步将其具体化，发现各标准的适用范围和应用限度。为有效应对各种突发状况、各类疑难事务，校长自身还必须主动识别其身处的伦理情境，选择确当的行动方案，在此基础上形成可靠的判断标准。

相比于"职业"一词，校长作为一种"专业"的内涵更加丰富。实际上，自20世纪80年代中期以来，校长的专业化就成为其职业发展的重要方向，无论是改进校长培训模式，还是建立校长专业标准、完善校长管理制度，[②] 都

---

① Rebore, R. W. The Ethics of Educational Leadership [M]. NJ: Merrill/Pretice Hall, 2000: 74.
② 褚宏启，杨海燕，等. 走向校长专业化 [M]. 上海：上海教育出版社，2009：前言.

为推进这一进程奠定了坚实基础。"职业"称谓体现的是一般意义上的领域和社会职能,"专业"在"职业"的现实基础上更具备规范性的含义,蕴含更系统的知识标准和更严格的伦理标准。从教育或教学作为一种专业的立场出发,教育或教学要成为一门专业,需要以更权威的知识和更坚实的技能为基础,而且要提供独特的社会服务、履行某种特殊的社会职能。教育是一种重要的公共实践,不仅需要职业层次的理论素养和工作能力,而且相应具有独特的伦理取向、道德实践诉求和自主性或自主权的要求,蕴含更强的道德和理智的要求。可见,从"职业道德"到"专业伦理"的概念变化实质在于从一般性的德性要求向具体化的伦理规范的转变。进一步说,前者多从行业外部或社会需求的角度出发加以规定,后者则从行业内部或实践主体的身份认同出发,旨在更明确地反映教育或教学作为一种专业工作、教育主体关系作为一种专业关系的独特性及其内含的伦理要求。

同样,对于中小学校长而言,他们时常需要在常规的行政管理事务、处于学校核心的教育教学活动以及在办学理念、教师和学生发展方面的领导或引领作用中维持平衡,同时确保育人的根本立场和学校核心工作的优先性。这也意味着,校长显然拥有不同于教师或者普通管理人员的角色定位和专业特质,这种不可替代性既体现于逐渐完善的、具有严格规范性的伦理准则,也蕴含于校长作为教育行动者和领导者的专业实践过程中,换句话说,在确定性的行动准则之上,学校管理活动的实际成效和内在价值在很大程度上还取决于一些内在的、隐性的、模糊的乃至变动性的因素,诸如人格特质、行事风格、推理方式、特定情境或者各种突发情况,这些都在实质上影响着管理或领导行为的发生和结果,这既是对既有原则、标准的应用,也为检验和完善这些原则、标准提供了契机。

譬如,有论者认为,校长有义务明晰所属专业基本的价值观、伦理原则和伦理标准,并用以指导自身在专业实践中的操守。具体包含六个方面:第一,明确校长工作使命所依据的核心价值观;第二,概括出反映专业核心价值观的主要原则,并建立一套用于指导校长工作实践的具体伦理准则;第三,帮助校长在专业义务出现冲突或在出现道德两难困境时,明确要考虑的相关因素；第四，向社会公众提供伦理标准，用以监督校长履行专业职责的情况；第五，让新从业的校长了解校长工作的使命、价值观、伦理原则和伦理准则；第六，便于校长衡量个体的专业实践是否有悖伦理准则（行业自评）。① 在这个意义上，学校管理工作的伦理特性并不在于简单地选择权宜之计或者寻求折中的办法，而是要在深思熟虑之中采取行动，并且在这项行动中继续保持反思。

由此看来，要在特定情境中做出行动选择，还应当参照更上位的教育理念及其相关价值原则，它们可以为面向实践的规范条例的层层细化奠定根基、确定方向。在来源上，当前生效的伦理准则是基于解决历史上学校管理实践中出现的伦理问题的过往经验而提炼出来的，用以指导今后校长的专业实践。然而，这也意味着制定准则和接受准则约束的主体无法准确观照他们未曾遭遇的新情境和新事态，因而不足以应对学校管理实践中面临的所有伦理问题。此外，伦理准则虽然已足够具体，但与法律、条例、行动流程等相比仍更抽象，如果管理者的实践经验与这些准则之间未能形成丰富的联系，那么即使它们被普遍推广，也容易仅仅停留于理念、认知的层面，而与具体可操作的程序和行动方式仍然相去甚远。

所以，伦理准则的提出，其目的在于指导学校管理者的实践，理清学校管理者在出现道德两难困境时应该考虑的相关重要因素，其重要性不言而喻，但存在于条例之间、规约之外的边界同样应当受到重视。它虽然可以经由不断地完善而更具包容性，但也可能意味着准则变得更加抽象，或出现更多限定条件，进而与管理者们实践上的丰富联系越来越遥远，甚至使管理者更容易陷入伦理冲突之中。但无论如何，专业伦理准则不可避免地具有某种限定性乃至固定性，唯有管理者在不违背道德底线的同时，对自身提出更高的要求，更广泛、深入地了解学校管理伦理问题的复杂性，才能找到合适的因应之道。

（三）学校管理伦理问题的复杂性

学校管理者面临的实践需求是多种多样、随时变化的，这使得整个学校

---

① 韩少华. 校长专业伦理研究［D］. 长春：东北师范大学，2012：45—55.

管理的问题来源和决策背景变得更加复杂。学校本身作为一个道德场所,与之相关的一切就应该有充分的伦理考量。杜威认为:"学校要建立一个净化的活动环境。选择的目的不仅是简化环境,而且要清除不良的东西。每一个社会都被一些无关紧要的东西、旧时留下的废物以及确实是邪恶的东西所累,阻碍进步。学校有责任从环境中排除它所提供的这些坏东西,从而尽其所能抵制它们在通常社会环境中的影响。"① 同时,"一切教育的终极目的在于品格的形成"②。从这个意义上讲,学校管理者承担着育人的使命和责任,必须出于道德的目的,以合乎道德的方式来管理,从而实现学校整体及其内部所有成员的道德发展。这不仅要求学校管理者时刻检视其行为可能带来的伦理影响,也意味着管理者自身应当拥有一种道德想象力、敏感性、判断力以及行动力,以此应对学校管理中所可能出现的伦理情境。

首先,学校管理者应对伦理问题的基础在于道德想象力。道德想象力是"一种在既定的情境里发掘多种行动的可能性,并预想如果执行一个既定行为可能导致的帮助和损害之能力"③。然而,正如萨乔万尼(Sergiovanni, T.J.)所说:"现时被认为是正统的管理价值体系偏向于理性、逻辑性、客观性、自我利益的重要性、明确性、个体性以及分离性。强调这些价值使我们忽视了作为附加价值的情感、团体成员身份的重要性、意识和意义、道德、自我牺牲、责任和义务。"④ 故而,在学校管理这一层面,"管理主义的严格控制以一种技术的模式看待学校的发展,把学校的管理看作是一些技术模式和操作办法的应用,从而消除了管理本身的道德性",失却了对学校管理细微处

---

① [美] 约翰・杜威. 民主主义与教育 [M]. 王承绪,译. 北京:人民教育出版社,2001:26.

② [美] 约翰・杜威. 道德教育原理 [M]. 王承绪,译. 杭州:浙江教育出版社,2003:8.

③ Johnson, M. Moral Imagination: Implications of Cognitive Science for Ethics [M]. Chicago: University of Chicago Press, 1993:202.

④ [美] 托马斯・萨乔万尼. 道德领导:抵及学校改善的核心 [M]. 冯大鸣,译. 上海:上海教育出版社,2002:2.

的道德想象。① 在管理主义的取向下，管理仅仅被看作是一种追求效率的控制技术，导致学校管理者在处理师生关系、塑造师生行为等方面刻板地遵循制度规范，使道德追求停留于表面的公正，湮没了学校管理中基本的伦理精神和价值内核。换言之，管理者遗忘了营造学校道德氛围、塑造学校道德精神、寻求学校道德文化的责任。② 可以说，有关道德的想象若被禁锢，管理者便无法捕捉足够多的行为结果和可能性，也很难确立足够敏锐的伦理视角来看待学校管理问题，作出准确的伦理判断和决策，乃至付诸恰当的伦理行动。在这个意义上，学校管理者有必要走出科学管理的狭隘思维，提高对伦理情境和问题的识别能力以及自身的共情能力。此外，在学校管理实践中，管理者宜保持回溯和反思的习惯，有意识地挖掘学校管理过程前前后后、方方面面所可能关涉的伦理议题，建构有助于伦理反思和讨论的空间，持续提升其道德想象力。

其次，学校管理伦理问题能够被有效识别的基础在于道德敏感性。道德敏感性是一种识别道德问题并赋予其重要性的能力，③ 特别是要能够在一个复杂的情境下理解他人的行为、回应他人的感受，并且清楚地意识到自己的种种行为可能对他人的福祉带来何种影响，以及这种影响可能波及的程度和范围。然而，聚焦真实的学校情境，学校管理者时常对管理的环境和事务本身的伦理性质缺乏准确感知和体察，只将其所作所为视为一份技术性的工作，对可能存在的伦理问题"无意识""不自觉"，未曾思忖特定管理决策与相应实践行动可能衍生的对于学生成长的负向影响。例如，部分学校以追求升学率来排名的学校地位为重要目标，常常美其名曰以学生的长远发展为办学宗

---

① 金生鈜. 为什么要塑造学校的道德文化——学校作为一个道德共同体的再道德化思考 [J]. 西北师大学报（社会科学版），2005（4）：71—75. 吴慧蕾，郅庭瑾. 我国学校管理伦理研究述评 [J]. 教育科学研究，2008（Z1）：15—17，43.

② 金生鈜. 为什么要塑造学校的道德文化——学校作为一个道德共同体的再道德化思考 [J]. 西北师大学报（社会科学版），2005（4）：71—75.

③ Sparks, J. R., Hunt, S. D. Marketing Researcher Ethical Sensitivity: Conceptualization, Measurement, and Exploratory Investigation [J]. Journal of Marketing, 1998, 62（2）：92—109.

旨，很少考虑学生的特点、现时需要及权利，组织学生进行无限度的考试、训练并对成绩进行排序。在这种情形下，学生的书包负载越来越重、休息时间越来越少、心理压力越来越大，许多学生经常处于紧张、焦虑乃至厌恶学校的情绪中，相应地，学校不仅没有成为学生赖以成长的精神家园和生活乐园，反而变成遮阻学生潜能、伤害学生自尊、压抑学生个性、扭曲学生人格的场所。[1] 可见，学校管理的每个决策和行动都隐含着道德意义，都会带来某种道德的后果，这要求管理者在实践中保持高度的道德敏感性，这也是对教育工作的复杂性保有充分认识的重要前提。正如雷斯特（Rest，J.R.）所认为的，道德敏感性是一种对情境的解释能力，是觉察到某人可能要做或正在做的事情将会直接或间接地影响到他人的幸福的能力，依赖于道德认知与道德情感的紧密联系及其相互作用，[2] 需要主体对情境中所包含的道德要素和意义予以领悟、作出解释。为提升自身敏感性，学校管理者有必要与师生建立情感联系，运用同理心，密切关注和回应师生的专业发展诉求或个人需求，对日常发生的伦理事件展开分析和研讨，并且有意识地挖掘学校教育管理工作中每个细节所蕴含的丰富的育人价值与道德意蕴。

再次，学校管理者需要有较强的道德判断力来确定具体管理工作中所内含的诸多伦理面向，给予具体事件以综合性的辨别和评价。伦理判断表明了决策者所考虑的特定行为的伦理接受程度，是决策者面对伦理困惑时的必然选择。[3] 海特（Haidt，J.）认为，人们会对事件是否符合伦理准则作出笼统抽象的判断，有些行为即使没有负面后果，人们也会认为是错误的。[4] 这说明，伦理判断是对问题情景中抽象伦理原则的辨别，对具体行为是否符合抽

---

[1] 吴康宁. 为什么学校会对学生的发展不负责[J]. 教育研究，2007（12）：21—25.
[2] Rest，J. R. A Psychologist Looks at the Teaching of Ethics[J]. The Hastings Center Report，1982，12（1）：29—36.
[3] 赵宝春. 直接经验、伦理判断与非伦理消费行为再犯[J]. 管理学报，2016（4）：483—490.
[4] Haidt，J. The Emotional Dog and Its Rational Tail：A Social Intuitionist Approach to Moral Judgment[J]. Psychological Review，2001，108（4）：814—834.

象伦理原则的判断,[①] 要求要以其特定的思维结构与思维方式对实践目标进行选择与决断。[②] 故而,学校管理者的伦理判断力一定程度上与其自身的道德素养发展水平相关,体现了其判断是非的能力。[③] 然而,学校情境中,由于相应伦理知识储备的缺少,一些管理者往往无法对具体伦理情境进行全方位的考量,相应地,伦理判断思维固化,偏好以结果论或非结果论的单一思维应对近乎所有的学校教育管理事件,疏于对其伦理立场在实践层面弊端的辩证审思,亦未对自身管理决策思维进行系统反思。鉴于此,学校管理者应当注重一种"反思均衡",在习惯性地凭借道德直觉做出选择时,更应以批判性思维对道德直觉或信念背后的根本原则加以考察,制定多种备择方案,审慎地考虑各种可能带来的不同结果,进而推理出究竟应该如何抉择。此外,对学生的关爱应是学校管理者一以贯之的情感选择和行动指南,相关伦理判断应以切合教育性质的伦理思维为路向,在优先考虑非后果论的基础上考虑功利的最大化,即在平等尊重每个学生的前提下考虑学生福祉的最大化。[④]

最后,基于伦理原则的判断要走向实践,往往受到个人、组织以及事件本身等多种因素的影响,在这个过程中,管理者在立场选择上常会出现"应然"与"实然"之间的背离,因而切实提升管理者基于伦理判断的行动力就显得尤为必要。由之前的分析可以发现,学校管理领域中的伦理问题普遍存在于宏观和微观的不同层面,渗透于制度、组织、理念、行为等不同方面,[⑤] 其所关涉的对象不仅在学校围墙之内,还延伸至学校围墙之外。就当下教育环境而言,多数学校办学往往不可避免地遭遇社会潜规则的侵扰。以分班问题为例,存在着"条子生""关系生"等现象,少数学生掌握着多数学生无法

---

① 严进,楼春华,Alexander Unger. 时间距离提高伦理判断 [J]. 心理科学,2015(4):905－910.
② 鲍宗豪. 决策文化论 [M]. 上海:上海三联书店,1997:141.
③ Yang,HuiLing,Wu,WeiPang. The Effect of Moral Intensity on Ethical Decision Making in Accounting [J]. Journal of Moral Education,2009,38(3):335－351.
④ 程亮. 教育的道德基础——教育伦理学引论 [M]. 福州:福建教育出版社,2016:69.
⑤ 郅庭瑾. 教育管理伦理研究 [M]. 北京:商务印书馆,2008:60－61.

享有的特权，依靠特有的社会关系或经济后盾择班甚至择师。于是，在一些潜规则的参与下，分班问题成为各种利害关系及矛盾因素相互交织的复杂社会现象。面对这样的情形，学校管理者很容易在这些难以掌控的外力推动下，改变原有的规则与秩序，放弃维护教育公平的伦理底线，向那些与学校有着特殊、密切的利益关系的私人或群体妥协让步。① 从学校内部来看，在我国的教育行政法律关系中，学校实质上是政府教育行政部门的延伸，即"准教育行政部门"，属于重要的"体制内单位"，② 在这样的单位里，人们相互熟悉，没有陌生人，在日常的生活中彼此影响、相互依赖。与此同时，由于资源主要由单位垄断分配，个人与单位的关系变得异常紧密。这就意味着管理者在履行职责、秉公办事的过程中，总是不得不受制于"人情""面子"的影响。深刻的伦理反思所带来的制度变革总是关涉新的利益分配，正当的伦理诉求往往触动部分"熟人"的情面和实际利益，如果管理者没有践行其伦理观念的决断力和意志力，那么作为学校单位的"家长"，就极有可能身陷不同利益诉求构成的伦理冲突中，甚至为了不负众人期盼、维系人情关系、保持单位和谐而放弃伦理性的行动，甚至对应有的伦理关切予以选择性的漠视。为真正提升道德行动力，管理者不仅要在内在层面形成执行决断的魄力，还应在操作层面提升实践智慧。在学校管理过程的任何环节，管理者都应将自身行为对师生、学校乃至社会带来的隐性或显性的影响作为最重要的考量因素，以道德的目的和方式来推进道德的管理和决策，并致力于促成道德的结果。

---

① 牛利华.基础教育中病理性分班的校长责任——基于校长专业伦理的视角[J].济南大学学报（社会科学版），2009（2）：73—76.
② 庄西真.学校行为的社会逻辑[D].南京：南京师范大学，2005：118.

第三章　学校管理者的权威

案例：

好校长是怎样炼成的？

诚元小学历经了两任校长，第一位是徐校长，他于去年年底退休，第二位是现任的张校长。这两位校长的领导风格截然不同，在教师心目中的形象也不尽相同。徐校长作为第一任校长，他曾担任过体育老师，并在其他学校担任了21年的副校长。在学校创办前一年，徐校长就亲自挑选了诚元小学的教职工，其中绝大多数的教师都是他以前的同事和朋友，这些教职工把徐校长当作他们的支持者和保护者。张校长作为第二任校长，并未和徐校长一样将大量时间花在管理教师和教育资源上，也不会每天都去教师办公室，去听教师们关注和抱怨的问题。张校长承认自己更喜欢将事情交给副校长去做，这样，她就可以有大量时间用来听课和研究课程计划。

这两任校长都非常优秀，但有的教师喜欢第一任徐校长，因为徐校长会为大家争取利益，他知道什么是教师该做的。如果教育局局长和学校董事会要求教师去做额外的工作，他会为其争取合理的报酬。而张校长则不顾教师的切身利益，让他们志愿去做很多没有额外补偿的工作。此外，当部分教师表现好的时候，徐校长会毫不吝啬地称赞他们，给予奖励和报酬，但是张校长不会，她反而邀请这些教师去辅导有问题的学生，如果有人拒绝了，她就给这些教师贴上不关心学生和不专业的标签。

有的教师表示自己更欣赏张校长的处事方法。张校长也很关心学生和学校职工，她知道公众的需求，并希望每一个人包括学生都能被平等对待。更重要的是，她有着令人满意的专业方法。她能在短期内把很多事情处理得非常好。比如，她帮助肖老师提高了计划能力和班级管理水平。肖老师曾是一个能力很差的教师，但是徐校长从来没帮助她成为一个更好的教师，而是为她掩盖缺点，庇护她。但现在，肖老师已经改变了，她在管理上的提高完全归功于张校长。①

在上述案例中，徐校长和张校长秉承不同的管理理念，徐校长更注重与教师们建立良好的人际关系，张校长则通过公正客观的专业管理态度与能力来逐渐获致教职工的认同和追随。这两种领导方式都对教师们产生了一定的影响力，但是有些教师认可徐校长的领导方式，认为好的人际关系是构建学校凝聚力的前提，有些教师更欣赏张校长的领导方式，认为教学水平的提升是学校长期稳定发展的关键。显而易见，这两任校长所拥有的影响力的来源有所差异。那么，这两种权威是不是都是正当的？其在哪些方面具有其独特的价值，又在哪些方面遭遇伦理上的争议？面对这些争议，是否存有伦理上的限制或者边界来保障权威的正当性？本章主要尝试解决这些问题。

一、权威的来源与分类

"权威"（authority）一词，在《现代汉语词典》中有两种释义：其一是使人信服的力量和威望；其二是在某种范围里最有威望、地位的人或事物。②其他的词典解释中也主要涵盖这两种理解，由此，我们可以粗略地把"权威"拆分成"权"和"威"来理解，所谓"权"即是一种权力，主要由法律、制度、传统等赋予；所谓"威"，可以理解为威信，是一种使人信服的力量。这

---

① 案例改编自：[美]西奥多·J. 科瓦尔斯基. 教育管理案例研究 [M]. 邱超，译. 北京：中国人民大学出版社，2013：31—34.
② 中国社会科学院语言研究所词典编辑室. 现代汉语词典（第6版）[Z]. 北京：商务印书馆，2013：1076.

两者缺一不可,不能简单把权威理解为权力,韦伯(Weber,M.)曾对此两者作了区分:权力是不管人们是否反对强使人们服从的能力;而权威则意味着人们在接受命令时是出于自愿的。① "自愿"意味着,在权威的互动双方中,支配与服从的关系是建立在服从者的同意的基础上,② 这也是权威的合法性(legitimacy)所在。

权威有多种来源,其中比较有代表性的是韦伯从合法性角度提出的三类来源,即法理、传统与感召力。具体来说,一为法理权威(rational-legal authority),即源于对所制定的规则的合法性以及对按这些规则发号施令、从而上升到权威地位者的权力的信任;二为传统权威(traditional authority),即源于对自古以来的传统的神圣性,以及对依据这些传统行使权威者的合法性的确定不移的信赖;三为感召权威(charismatic authority),即源于人们对卓越的神圣者、英雄或者具有典范品质的人,以及由他所揭示或指定的规范模式的热爱。③ 克里夫顿(Clifton,R. A.)与罗伯兹(Roberts,L. W.)在此基础上提出教师权威的四个方面,即法定的权威、传统的权威、感召的权威和专业的权威,其中,前两种来源于教育制度,属于制度的权威,后两种来源于个人因素,属于个人的权威。管理者的权威则是这四个层面相互作用的结果。④

依据克、罗二人的分类,我们也主要从教育制度和个人因素两方面分析学校管理者所拥有的权威来源。就教育制度而言,所有的学校管理者都具有一定的职务性权力,这是上级教育行政机关任命或聘任校长时就赋予他的权力。《中国教育改革与发展纲要》(中共中央、国务院于1993年2月13日印发)指出中等及中等以下各类学校实行校长负责制,"校长是学校行政的最高

---

① [美] 古尔德纳. 韦伯和他的权威结构理论 [J]. 唐亮,译. 现代外国哲学社会科学文摘,1986(7):11.
② [英] R. 马丁. 论权威——兼论 M. 韦伯的"权威三类型说" [J]. 罗述勇,译. 国外社会科学,1987(2):28.
③ [英] R. 马丁. 论权威——兼论 M. 韦伯的"权威三类型说" [J]. 罗述勇,译. 国外社会科学,1987(2):29.
④ 吴康宁. 教育社会学 [M]. 北京:人民教育出版社,2014:207-209.

负责人，是学校的法人代表，处于学校的中心地位，对外代表学校，对内全面领导和负责教育、教学、科学研究和行政管理工作"。① 这种社会赋予的权力为校长的权威带来法律保障的合法性，也是个人因素方面得以施加影响的前提。就个人因素而言，校长在领导和管理学校的各项具体事务中，结合自身的知识基础、人格品性、道德修养、人际关系、行为处世、专业态度与能力等方面，同教职工接触和相互了解，并通过一些关键事件来获致自己的认可者和追随者。这是校长建立并巩固自己权威的必经过程，也是校长在教职工心目中影响力多少的关键所在。在韦伯看来，感召力不仅是领导者人格的一种特性，也是一种社会关系，即领导者之所以"具有感召力"，是因为他被别人视为具有"天赋的优点"。② 这两个方面对学校管理者权威的塑造都不可缺少，但也极容易超越伦理的边界，引发伦理上的困境。本章不希冀阐述所有的个人层面上的权威来源方式，主要借助案例呈现出的两种权威来源，来探讨这两种权威构建方式的合理性与可能的困境，并在此基础上探讨学校管理者建立权威方式的道德标准。

二、基于人际关系的学校管理者权威

基于人际关系的学校管理者权威主要是指学校管理者通过自身的交往能力和交往技巧等，建立与教职员工之间较好的人际关系，并借助给予支持、鼓励或提供晋升的机会等，在一定程度上满足教职员工的利益，③ 维持和谐的人际氛围，构建稳定的关系网络，从而获致权威的一种方式。

（一）合理性

实际上，学校管理者在管理学校的过程中是和人打交道，处理好与教职

---

① 萧宗六. 学校管理学（增订本）[M]. 北京：人民教育出版社，1994：67—68.
② [英] R. 马丁. 论权威——兼论 M. 韦伯的"权威三类型说"[J]. 罗述勇，译. 国外社会科学，1987（2）：29.
③ 张延明. 建设卓越学校：领导层·管理层·教师的职业发展 [M]. 北京：北京大学出版社，2008：141.

工之间的关系,在超越传统的科层体系与助力学校的初步发展两方面都具有重要意义。就前者而言,当前中小学主要实行校长负责制,校长位居学校内最高行政首长之位,处于最高战略决策的中心。① 若以金字塔将其划分,校长则位于金字塔的顶端,中间则为学校的中层管理者,主要包括学校领导体制、学校执行体制、学校咨询体制和学校监督反馈体制四部分涉及的管理者,教职工和学生则位居金字塔的底端。在金字塔形的管理体系中,我们更能直观地感受到社会学意义上的"权威"内涵,即权威始终意味着一种上下级关系,并且有一定的界定,这种界定说明哪些人必须接受控制,以及应受控制的内容和方面。② 传统的管理观念过度强调这种上下级的等级之分,认为校长居于领导的核心地位,拥有对学校的各方面工作进行监管、调控的权力,校长必须通过严密的监控来保证教师遵章守则,限制教师的用武之地。③ 但实际上,正如美国领导学大师詹姆斯·麦格雷戈·伯恩斯(James MacGregor Burns)所言,权力首先是一种关系……它涉及权力持有者和权力承受者双方的意图或目的;因此,它是集体的行为,而不只是一个人的行为。④ 校长如若将权力高度集中于手中,其与中层管理者与教职工之间的等级距离则难以跨越,长此以往,学校更像是校长一个人的管辖地,所有教职工只需遵守和顺从学校管理者的领导,而无需贡献自己的能力。人际权威则很好地避免了这个弊端,校长将其他管理者与教职工视为可以信赖的人,并通过各种方式建立良好的人际关系,帮助教师在和谐的人际氛围中进行有效合作。

就后者而言,学校的初期发展需借助良好的人际关系的有效运营。我们已经提到良好的人际关系能够克服传统金字塔管理模式中的一些弊端,学校管理者将教职工视为平等、重要的支持者与合作者,推动学校范围内形成相

---

① 朱璋龙,王一定. 质疑"有权就有威"——兼论校长如何提高自己的人格权威[J]. 教学研究,2004(1):51.
② 谢立中. 西方社会学名著提要[M]. 南昌:江西人民出版社,2001:211.
③ [美]托马斯·萨乔万尼. 道德领导:抵及学校改善的核心[M]. 冯大鸣,译. 上海:上海教育出版社,2002:41.
④ [美]詹姆斯·麦格雷戈·伯恩斯. 领导论[M]. 常建,等译. 北京:中国人民大学出版社,2006:7.

互尊重、和谐友好的氛围,这一点,对处于发展初期的学校来说尤为关键。儒家思想将"人"视为一个关系而不仅仅是一个独立的个体,社会中的人总是处在一定的关系当中。翟学伟认为,中国自古就把人情融入各种规章制度之中,从中国人的行事逻辑看,人情的普遍功能是维系住人与人之间关系的紧密度。而特殊功能就是在必要的时候可以不通过社会制定的规则来行事,以实现便利、捷径或者特殊性的作用……因此,中国人判断事物的是非,更喜欢讲"情理""情理交融""入情入理",而不愿意直接讲道理,更难讲规则。① 可以说,徐校长注重和教职工保持良好的人际联系也符合所谓"熟人社会"的特征,他在建校之初就挑选了很多相熟的同事和朋友作为新学校的雇员,在这些支持者的拥护下徐校长能在较短的时间内建立他在教职员工心目中的声望,推动各项工作的进程。如案例所示,徐校长一方面特别注重教师的意见和看法,他每天会花一定的时间去教师办公室,去听教师们关注和抱怨的问题。教师们作为学校教学工作的主力和每天接触学生最多的群体,他们的观点和意见对学校发展和变革来说尤为重要。徐校长借助朋友聊天的方式,来了解教师在生活和工作上的情况,洞察学校发展过程中存在的问题,这是一种明智的做法。相比之下,张校长则忽略了与教师之间的人际交往,她把重心放在提高教学水平和学生能力上面,而忽略了和老师们的沟通交流,从而导致很大一部分教师不理解张校长的行为举止,从而抗拒张校长的一些指令。另一方面,徐校长尊重并维护教师的合法权益,校长借助身份所拥有的权力本身能帮助其带来一定程度的权威,但到底在多大程度上能够使教职工自愿去服从命令仍值得考究。一般来说,教师们最愿意去做的事情往往是与自身利益相关的,人际权威便主要利用这一心理来施加影响力。徐校长在管理学校的过程中十分注重维护教师的权益,如果教育局局长和学校董事会要求教师们去做额外的工作,徐校长会帮助教师们争取他们应得的报酬。这让教师们尤为支持徐校长的领导。学校管理者正是通过了解和满足教师的需要,和教师们建立起成功的交往,借此使教师们遵章守则,乐于完成工作任

---

① 翟学伟."朋友有信"与现代社会信任[N].光明日报,2016-7-20.

务，进而提升工作表现。[1] 可见，在学校发展的初期，人际权威确能发挥它的作用，权威的双方都能获致一定的利益，教师们通过认真教学、完成工作任务来得到学校管理者所承诺的"期望和奖赏"，学校管理者则通过满足教师们的需求来维持现状进而巩固权威。[2] 它提供了事物启动所需的推力，让教师们为了自身的需要和利益而做出回应，这有助人际权威长期、有效地运营。[3]

（二）面临的困境

基于人际关系的权威固然有一定的合理之处，但却也容易伤害学校管理者的管理。一方面，关系将影响学校管理者处理问题的中立性与公正性。关系总有亲疏远近，学校管理者难以同时和所有教职工保持亲近的关系。和校长关系比较密切的教职工大多数会成为校长坚实的支持者和保护者，但是和校长关系比较疏离的教职工则难说，他们处于一种尤为尴尬的位置，仅专注于自己的专业事业似乎不能够促进自我的发展，如何和校长处好关系也成了学校工作中一项需要考量的问题。教职员工不免会以校长这个人为风向标，进行不必要的比较，比如计较校长和谁的关系比较好。同时，对于学校管理者来说，在处理管理事务中他的情感和喜好也会影响其决策，处理问题的中立性和公正性便得不到保证。因为校长长期以人际关系的维系为重，其一言一行容易被曲解和误会，就算校长认为自己给予教职工的发展机会是公平的，当他任命某位教师去执行某项事务时，其他人不一定会从这位老师的专业能力出发考虑，而是下意识地认为这位老师和校长的关系比较好，那么，部分教师便会走入发展误区，关心校长的喜好甚于学生的需求，影响个人的专业成长。

另一方面，组织的可持续性运行得不到保障是人际权威面临的最主要的

---

[1] [美]托马斯·萨乔万尼. 道德领导：抵及学校改善的核心[M]. 冯大鸣, 译. 上海：上海教育出版社，2002：41.
[2] Bogler, R. The Influence of Leadership Style on Teacher Job Satisfaction [J]. Educational Administration Quarterly, 2001, 37 (5): 663.
[3] [美]托马斯·萨乔万尼. 校长学：一种反思性实践观[M]. 张虹, 译. 上海：上海教育出版社，2008：164.

挑战。徐校长借助自身和其他教职工的"交情"组织起来的领导班子更熟悉和信赖徐校长的领导方式，他们组织在一起或许能够帮助学校的短期发展，但这套领导方式不能接受除徐校长以外的其他校长，这对学校的长期发展来说尤为不利。人际关系权威的一大特点是权威双方的利益的相互满足，它的根本目的主要在于巩固统治，而不是促进学生的成长或教师的专业发展，以"期望和奖赏"为手段的人际权威背后是人的自利心理，它满足了校长与追随者的需要和利益，而不是满足与学校组织有关的目标。① 这种权威在短期内极有成效，教师们会为了自身的利益努力达致学校管理者的工作要求，但他们的努力是与学校管理者所给予的"奖赏"密切相关的，教师们对工作内容与所能得到的好处斤斤计较，如果奖赏对他们失去了吸引力，那么他们的工作效率便会下降。正如萨乔万尼所说："为奖赏而工作势必使人产生受到奖赏控制的感觉。这种感觉会影响他们随后的表现和创造性。"② 如案例所示，徐校长习惯和老师们维持良好的关系，当老师们的能力不足以支撑起专业工作，比如徐校长在面对能力较差的肖老师时，并未帮助她成长，而是遮掩和庇护，或许徐校长是为了维系和肖老师的良好关系，但这触犯了学生利益，也不利于肖老师的个人发展。在面对表现较好的老师时，徐校长善于运用表扬、奖赏、报酬等方式来激励老师的行为。但是张校长并不擅长使用这些奖赏手段，这带来了她和老师们之间的冲突，一些老师表示不公因为自己做得好的地方居然没有得到应有的奖励。可见，当人际权威被过度使用的时候，教学工作本身的重要性与魅力便受到遮蔽，教师们易于忘却教育实际上是一项育人事业，专业的发展是为了让他们更好地胜任这一任务，而不是为了外部的奖赏，当教师们以奖赏为重而忽视学生的发展情况，这完全是本末倒置的。

---

① [美] 托马斯·萨乔万尼. 校长学：一种反思性实践观 [M]. 张虹，译. 上海：上海教育出版社，2008：165.
② 蔡怡. 道德领导——新型的教育领导者 [M]. 北京：教育科学出版社，2009：57.

三、基于教学支持的学校管理者权威

基于教学支持的学校管理者权威侧重于指学校管理者从学生利益出发，以教学工作为管理重心，支持助力于学生学业成就和教师教学能力方面的各项事务，从而获致权威的一种方式。[1]

(一) 合理性

基于教学支持的学校管理者权威一方面能够推动教师的专业成长与教学改进。教学是学校教育工作中的主体部分，学校管理者应对教学和课程有一定的了解，并能直接与教师一起进行教学改进。[2] 在这一权威关系中，学校管理者并非单独的教学领导者，而是"教学领导者的领导者"。[3] 这是一个包容的概念，学校管理者和教师是平等的群体，学校管理者并未视自己的专业能力为权威，并在教学管理中占据绝对的统治地位，而是与有能力的教师相容，提供资源和教学支持，[4] 在课程、教学和评价等方面进行积极合作，他们双方共同负责教师的发展、课程的开发和教学任务的监督，极力推动教师们的专业成长，帮助教师在与其他成员进行教学改进时也能承担起领导角色。在新教师遇到教学和课程上的困难时，学校领导者的指导和帮助能够帮助新教师走出困境，也有助于建立自身的权威。这种权威关系在无形之中激励新教师们不断向上工作。有一次，副校长和语文教研组长一起去听一位新教师的课，时间仅过去一半，新教师就把准备好的内容讲完了，之后只是叫学生看书，

---

[1] Sebring, P. B., Bryk, A. S. School Leadership and the Bottom Line in Chicago [J]. Phi Delta Kappan, 2000, 81 (6): 440—443.

[2] Marks, H. M., Printy, S. M. Principal Leadership and School Performance: An Integration of Transformational and Instructional Leadership [J]. Educatioal Administration Quarterly, 2003, 39 (3): 373.

[3] Glickman, C. Has Sam and Samantha's Time Come at Last? [J]. Educational Leadership, 1989, 46 (8): 6.

[4] Louis, K. S. Beyond "Managed Change": Rethinking How Schools Improve [J]. School Effectiveness and School Improvement, 1994, 5 (1): 2—24.

当教研组长急得没办法时，副校长用小纸条写下了一句话："请让学生把今天学的《卖炭翁》和已学过的《宫市》联系起来，提个问题，讨论宫廷里是怎样残酷剥削老百姓的。"等这位新教师巡视到后排时递过去。这样一做，教学效果立刻得到了提升。事情传开后，其他老师也都很佩服副校长的处理。[①] 可见，学校管理者如果能在教师本就擅长的领域进行指导，有利于树立真正的权威，帮助更好地发挥领导作用。

另一方面能够创造支持性的工作环境。在基于教学支持的权威关系中，学校管理者不再是教师能力的检查员，也是教师成长的促进者。[②] 学校管理者并未视自己为唯一的教学领导者，当其支持、鼓励和推动教师的专业发展与教学改进之后，便有助于形成一个创造性和支持性的工作环境。[③] 在这种工作环境中，关怀与合作是主要表征。学校管理者尊重教师所拥有的专业知识，在一定条件下允许教师与其共同行使领导能力。学校管理者在讨论教学、课程等与教师和学生相关的问题时，并不单纯地发号施令并确保实施，其允许教师发出不同的声音，当教师与校长互动时，教师会在他们的教学实践中报告积极的变化，包括使用各种创新的技术，并愿意承担风险。[④] 这个以学习和教学为中心的权威关系，让管理决策与教师的日常行为注入了教育意义。在案例中，张校长就极为关注教师的专业能力，她将注意力集中到教学能力较差的肖老师身上，帮助她提高了计划能力和班级管理水平，让她能更加胜任和热爱这份工作，而不仅仅是疲于应对，从而也让张校长获致了教学权威。张校长尤为注重教师的专业素养，她不仅仅帮助肖老师，同样对其他老师也有很高的要求，她不认为教师完成高质量的工作需要过多的奖赏，相反，这

[①] 李波. 教育管理与案例分析[M]. 上海：复旦大学出版社，2011：199.

[②] Poole, W. Reconstructing the Teacher-administrator Relationship to Achieve Systemic Change [J]. Journal of School Leadership, 1995, 5 (6)：565—596.

[③] Hallinger, P. The Evolving Role of American Principals: From Managerial to Instructional to Transformational Leaders [J]. Journal of Educational Administration, 1992, 30 (3)：37.

[④] Blase, J. Principals' Instructional Leadership and Teacher Development: Teacher Perspectives [J]. Educational Administration Quarterly, 1999, 35 (3)：349—378.

是教师的本职工作，是教学工作内在的魅力，这种精神虽在当下仅为少部分人理解，但随着时间的推移和张校长的坚持，一个支持性的工作环境会缓慢建立，老师们能与校长共同讨论，参与决策，提高自身能力，改善工作环境与氛围。而徐校长则缺乏这方面的能力，他仅仅借助和教师们之间的良好关系来维持现状，而不关心他们的能力与专业发展，比如他从未帮助肖老师成为一个更好的教师，而是为她掩盖缺点，庇护她。这无论对肖老师个人还是她所领导的班集体来说都是极不负责的。

（二）面临的困境

过于关注教师专业发展的权威方式也有其困境。一方面，"专业"的意味可能侵犯教师的合法权益，影响学校管理者与教职工的关系。全美教育协会认为教师需要保障学与教的自由，并确保所有人享有平等的教育机会，帮助其实现潜能，成为有价值又有效的社会成员。[1] 所以，教师这些专业职能的达成需要教师付出大量的时间与劳动，一些无法在工作时间内完成的备课、批改作业等工作都需要在非工作时间内完成，影响个人的休息时间。一些教师要求做额外的工作需要有相应的补偿，这基于个人生存的角度也是完全合理的。但是一些传统观念诸如教师是无私奉献的园丁，教师是"燃烧自己、照亮别人"的蜡烛等都认为教师所从事的是一项高尚的事业，其不应该追求自我的经济利益，包括案例中的张校长便持有这一观念，她用"专业的"作为关键词来表示"在没有补偿的情况下做额外的工作"，部分教师难以理解校长过于严苛的工作态度和缺乏人情味的处事方式。中国自古以来就是一个"熟人社会"，人情是我国文化的底色，是中国社会运行的基础，是中国人交际的基本原则。[2] 张校长保障学生利益的出发点固然是正确的，但同时也要考虑教师的提议，兼顾教师的根本利益。

另一方面，繁重的管理事务影响教学权威的有效性。教学权威建构了一

---

[1] [美] 肯尼斯·A. 斯特赖克，乔纳斯·F. 索尔蒂斯. 教学伦理（第五版）[M]. 黄向阳，等译. 上海：华东师范大学出版社，2017：20.

[2] 戴焰军，翟学伟，等. 打破人情与制度的选择困境 [J]. 中国纪检监察，2015（17）：57.

个理想的学校管理者权威的来源方式,通过教学、课程和评价等与学生和教师有关方面的合作,推动教师的专业发展与教学改进,在潜移默化间形塑学校管理者的权威,这种权威的有效性是随着学校管理者专业领导能力的提升而提升的,如果学校管理者的专业知识与能力止步不前或跟不上教师的成长步伐,这种权威便会遭遇困境。因为理想的改革措施与管理实际中可能遭遇的问题是不一致的,教师的教学行为是动态的、复杂的过程,教师需要很大的自主权,才能做出适当的教学决定。[1] 也就是说,如果学校管理者赋予教师极强的教学领导权力,那学校管理者作为教学领导者的角色便会被极大地削弱,因为学校管理者纵使在大方面上对教学进行了把控,但是教师作为一线教学的领导者,他们可能拥有更多的话语权。此外,促进教师的专业发展与教学改进是一项低回报的活动,在广泛的教师实践中,我们很难确定一种教学方式优于另一种教学方式,[2] 有研究表明,只有少数学校管理者倾向于强调教学领导方面的职责,多数是被行政和管理事务牵制的。毕竟要求学校管理者在履行教学职责的同时又能管理学校,为学校的正常运行负责,对大多数学校管理者来说都是巨大的挑战。[3]

实际上,也很少有校长能花大量的时间去提高自身的教学领导地位,因为很多时候,校长都"身不由己",他们的时间和空间总会被不可预知的事件割裂,身处的空间和驻留的时间很多不可掌控,校长在多数时空处在与他人互动的状态。除了会议之外,校长还必须面对行政人员或教师的请示与请求(如签单子),学生或教师的突发事件或行为,上级安排的访客(或不速之客)的接待等日常琐事。[4] 大多数校长相对来说只能安排一点点时间进课堂。他们

---

[1] Smylie, M., Conyers, J. Changing Conceptions of Teaching Influence the Future of Staff Development [J]. Journal of Staff Development, 1991, 12 (1): 13.

[2] Hallinger, P. The Evolving Role of American Principals from Managerial to Instructional to Transformational Leaders [J]. Journal of Educational Administration, 1992, 30 (3): 35—48.

[3] 范国睿. 学校管理的理论与实务 [M]. 上海:华东师范大学出版社,2003:187.

[4] 徐萍. 校长和他的学校:校长道德领导研究 [M]. 杭州:浙江教育出版社,2009:67.

难以对教学技能的提高给予任何思想上的指导。[①] 此外，就算学校管理者的教学领导者的形象获得了教师专业的认可，它也仍然受到质疑。因为教学权威仅仅来源于学校管理者在教学、课程等与学习有关方面的活动，这仅仅是学校管理的部分内容，学校管理者的角色在本质上仍然是管理性质的。[②] 如果一位学校管理者醉心于教学领导，那么学校的整体发展与未来规划便会受到限制。我国一直以来都关注教而优则管，但是管理和教学还是两方面不一样的工作，学校管理者需要对教学有大方向上的把持，但不能将自己的角色仅仅局限于此。

四、学校管理者权威的伦理边界

结合案例，上述讨论了两种典型的权威类型。一种是通过人际关系塑造的权威，徐校长关注和关心教师们在工作中的困难，通过奖赏等方式满足教师们的利益，这无可厚非，但一味注重关系的"和谐"，而忽视了教师专业素养的提升和发展才是学校发展的持续动力，他对肖老师能力不足的遮掩和庇护并非一种明智的做法。另一种是给予教学支持而获致的权威，张校长不同于徐校长，她尤为关注教学工作，包括听课、研究课程计划还有帮助教师提升专业能力等，可以说，教学任务是学校日常工作的重心，也是学生健全发展的主要途径，但是，张校长就此忽视教师们渴望获得合理报酬的心理，并把这些教师贴上不专业和不关心学生的标签，这种行为也有欠考虑。可见，学校管理者在管理学校的过程中要面临和处理各式问题，当其倾向于某一种领导方式，则有可能在行为处事中带入这种思考倾向，徐校长和张校长都未能处理好学生利益和教师利益的关系，在处理问题中失之偏颇。徐校长更看

---

① Fink, E., Resnick, L. Developing Principals as Instructional Leaders [J]. Phi Delta Kappan, 2001, 82 (8): 598.

② Cuban, L. Transforming the Frog into a Prince: Effective Schools Research, Policy and Practice at the District Level [J]. Harvard Educational Review, 1984, 54 (2): 132.

重和教师们之间的人际关系,因而在肖老师出现专业问题时,他下意识地选择隐瞒,从而伤害学生利益;张校长更注重学生利益,帮助教师提升专业素养,却忽视为教师争取合理的经济利益。

如何同时兼顾好学生利益和教师利益,是学校管理者在塑造权威过程中必须考量的问题。学生利益的维护是学校的根本目的,学校管理者要将学生利益视为各项工作的出发点,如果缺少或忽视这一点,很多学校管理者便出现个人权力膨胀、行为作风不良、强调应试教育等问题。但在维护学生利益的同时也要兼顾教师权益,教师也是一个正常的社会人,不能以超圣的标准加以衡量,杜绝教师正常的经济追求。然而,现实的教育场景纷繁复杂,学校管理者处理突发事件往往只有极短的时间做出合理判断和决策,仅仅依靠单一或多元的领导方式则会引发矛盾甚至越过伦理边界,比如徐校长处理肖老师能力不足的问题,张校长处理教师们合理诉求的问题上都有欠妥当。其实,学校管理者在实践中所采取的任何行为中,都存在着道德维。[1] 也就是说,学校管理者所面对的几乎所有问题都是有价值基础的,它们都有伦理和道德的涵义。[2] 因为学校管理者的每一个决策都是关乎学校的整体发展的,更确切地说,是关乎学校中的每个学生和教职员工的切身利益的。基于此,只有领导的方式符合道德的要求才能保证权威的正当性,这一方面有赖于学校管理者的德性,亚里士多德认为,德性是"一种既使得一个人好又使得他出色地完成他的活动的品质",[3] 他指出,德性不是情感和能力。[4] 情感是伴随快乐和痛苦的感受,具有不稳定性;能力则是对这些情感的感受,是先天赋予的。德性是一种品质,这种品质借助教导和习惯养成,一旦形成便具有稳定性,不随外在情境的变化而产生强烈波动。因而,具有德性的学校管理者

---

① [美]托马斯·萨乔万尼. 道德领导:抵及学校改善的核心 [M]. 冯大鸣,译. 上海:上海教育出版社,2002:18.

② [美]威廉·G. 坎宁安,保拉·A. 科尔代罗. 教育管理:基于问题的方法 [M]. 赵中建,译. 南京:江苏教育出版社,2002:20—21.

③ [古希腊]亚里士多德. 尼各马可伦理学 [M]. 廖申白,译. 北京:商务印书馆,2017:47.

④ 廖申白.《尼各马可伦理学》导读 [M]. 成都:四川教育出版社,2005:53.

能够依据自身在实践中形成的德性来合理判断复杂的现实情境，借助内在稳定性的品质在适当的时间、适当的场合，对于适当的人，出于适当的原因，以适当的方式感受或行动，保持一种"适度"的状态，而不随其他因素做出非正当的决定或行为。

进一步看，学校管理者如欲实现自身的善良意图或者所确立的良好目的，还需在管理中融入关乎道德的方式，主要包括以下三个方面。

其一，建立共同愿景。愿景是指"通过创造和沟通形成某种期望，并使在组织中工作的人都对此形成共识"。① 学校的领导管理本身是一项集体事业，学校管理者无法仅通过个人的力量来推动学校的整体和长期发展，就算学校管理者在开始只注重在等级制的意义上与追随者发生联系，但随着时间的推移，他们也必须逐渐做出转变：使领导者和追随者都对同样的理念、价值观和承诺做出响应。② 这种共同愿景的建立对于学校管理者和教师之间共同的道德承诺，形成学校共同体是不可或缺的。富兰认为学校管理者的道德使命是通过调动教师、家长和其他一切人的热情和风险精神，来提高所有学生的学习，消灭成绩上的差距。③ 这要求学校管理者一方面对教师们的价值观、信念和需要敏感，另一方面对内在与眼前情境的各种机会也很敏感。④

其二，深入学校日常实际。学校管理者在学校的日常实际活动是影响领导功能的发挥与否、领导力高低的焦点，更是塑造学校文化的关键。⑤ 学校管理者应该对自己每天在学校的行为举止有所记录，了解自己每天在学校里做了什么事，见了哪些人，谈了哪些方面，发现了什么问题。根据相关研究，

---

① ［美］杰拉尔德·C. 厄本恩，拉里·W. 休斯，辛西娅·J. 诺里斯. 校长论：有效学校的创新型领导 [M]. 黄崴，龙君伟，译. 重庆：重庆大学出版社，2004：12.
② ［美］托马斯·萨乔万尼. 校长学：一种反思性实践观 [M]. 张虹，译. 上海：上海教育出版社，2008：171.
③ ［加拿大］迈克尔·富兰. 学校领导的道德使命 [M]. 中央教育科学研究所，加拿大多伦多国际学院，译. 北京：教育科学出版社，2005：45.
④ ［美］托马斯·萨乔万尼. 校长学：一种反思性实践观 [M]. 张虹，译. 上海：上海教育出版社，2008：167.
⑤ 林明地. 学校领导：理念与校长专业生涯 [M]. 台北：台湾高等教育出版社，2002：206.

学校管理者的工作是许多持续时间很短的工作,且在内容、目的、复杂度等方面具有较大的变化性,涉及无法数计的小的、琐碎的决定。这许许多多的决定构成了学校管理者的领导行为,而这些决定的有效程度则是通过学校的日常实际加以展现的。① 学校里充斥着人与人的相遇和交往,每一时刻都暗含潜在的道德危机,学校管理者必须避免被过多的工作所淹没,而要注重与教师、职员、学生的日常交流,关切学生和老师的日常生活和可能遇到的问题,了解他们对相关决策和学校惯例的感受和看法,并作出适当变革。

其三,进行服务式的领导。学校本就是一个培育未成年人的非营利的场所,学校管理者致力于服务教师的"教"与学生的"学"。服务式领导是一种手段,通过它,领导者可以获得实施领导所必要的认受性(legitimacy)。② 服务式领导一词是由格林利夫(Greenleaf, W.)提出的,他肯定地表示服务者与领导者两个角色是可以并存的,领导始于服务。格林利夫借用了赫尔曼·赫西(Hermann Hesse)的《东方之旅》中的"仆人利奥"来加以说明。赫西描绘某位男子找寻启蒙之旅,他在旅途中有位忠心的仆人利奥,协助并支持他通过考验,数年后他才发现,利奥才是那个社会的领导者。③ 从中我们发现,学校管理者进行服务式领导的几个重要内涵:首先,关注、倾听并适当满足教师们的需求。通过尽量满足教师教学和生活上的需求,排除他们工作中的困难和障碍,以使教师专心于教学。其次,通过"授权"(empowerment)来提高教师的专业自主权,促进教师的专业成长。学校管理者应当减少对教师僵化的控制,通过授予权力来提高教师在课堂中的专业自主权,使之在面对各种复杂的教学问题时有权力进行适当变革,来提高教学质量,增加工作的满意度。最后,适当运用关怀伦理来巩固共同体发展。关怀伦理关注人与人的关系,它使我们对他人有种前摄的敏感,把自己向责任与利益之

---

① 林明地. 学校领导:理念与校长专业生涯[M]. 台北:台湾高等教育出版社,2002:209—210.

② [美]托马斯·萨乔万尼. 道德领导:抵及学校改善的核心[M]. 冯大鸣,译. 上海:上海教育出版社,2002:145.

③ 蔡进雄. 走入心灵深处:仆人式领导的意涵及其对中小学校长领导的启示[J]. 教育政策论坛,2003(2):70.

外扩展，对他人予以关心与注意。① 关怀伦理让每个人都处于关怀与信任当中，增加组织内的安全感，并将学生、教师和学校管理者以一种更紧密的方式相连，维系着学校共同体的发展。

总之，学校管理者的权威一方面离不开学校生活中和谐运行的人际关系，另一方面则源于对作为学校核心活动的教育教学活动的专业领导和恰当支持。要维系这种权威，学校管理者不仅需要积累和践行特定的知识、技能并达到一定标准，并且需要依靠合乎道德的决策和日常行事方式，发挥自身独特的作用，实现在学生利益和教师利益之间的权衡与平衡，从而维护学校利益发展的正当性基础。这意味着，学校本身是一个完整的有机体，学校管理者总是需要从学校教育的内在价值出发，通过专业引领和组织协调，对学校的整体生态负责。

---

① Starratt，R. J. Building an Ethical School：A Practical Response to the Moral Crisis in Schools [M]. London：Taylor & Francise-Library，2005：56.

第四章　学生的自由

案例：

高中学生剪发

最近某中学出的一条新规定引发热议，该校规定：高一、高二学生无论男女必须剪短发，男生理平头，女生头发长度不能碰到肩。该规定一经发布便引起了学生们的不满，但迫于无奈，大多学生还是去剪了头发。有学生认为剪发是没有用的；也有学生表示这确实有些过分，但为了学习也只能剪。有一艺考生在学校官方公众号上恳求保留长发，却被回复"赶紧转学"。很多学生不解，希望校方不要一味抓规格，把重点放在学习上。但部分家长表示支持，称集体短发看起来更加精神，更加军事化，利于学生专心学习。有家长认为学校有这种想法是好的，好比穿校服，也是为了让学生们不把过多精力放在穿着打扮上。有记者连线了校方人员，了解到该项规定发布在校内的一则通告内，上面还特意制作了一些发型标准。开学时如果学生发型不合格，学生将会被禁止进入教室，甚至面临劝退。记者向校领导咨询这样要求的原因时，校领导也只是回复：统一管理。[①]

上述案例反映了当前学校管理中普遍存在的一种现象——强制学生剪发。学校管理者声称发型未达标准者不能进入教室，甚至有被劝退的可能。此举

[①] 案例整理自网络新闻。

遭到学生的不满和抱怨，而大多数家长则表以支持，认为剪发有助于学生专心学习。可以说，每年的开学季不少学校都要上演类似的"剪发"风波。学生难以理解学校剪发规定的用意所在，为自己的自由受到侵犯而焦虑乃至愤怒；学校在平定学生情绪的同时不忘严格遵照剪发规定，认为一头清爽干净的头发是学生认真学习的前提之一，双方各持己见。事实上，这场风波的核心问题并非"剪发"，而是由"剪发"带来的自由与发展的博弈。"发展"立场认为"发展"高于"自由"，即为了学生的当下或长远的发展，可以限制他们的某些自由；"自由"立场认为"自由"先于"发展"，应以尊重学生的自由为前提来促进学生的发展。这两种看似对立的立场，实则都承认学校管理应以学生的发展为指向，其分歧仅仅在于是否需要以尊重学生自由的方式来促进学生的发展。然而，这些讨论并未深究这两种立场的深层理由，同时也没有明确学校管理在"自由"和"发展"之间进行平衡的可能性。基于此，本章试图在厘清这两种立场内在理据的基础上，建构一种平衡和整合"自由"价值和"发展"价值的学校管理伦理。

一、"发展"的立场：学生的自由是不充分的

学校教育产生之初就承担着将未成年人培养成未来社会合格公民的职责。这个培养过程也是学生的发展过程，学生需要掌握社会生活所必要的知识与技能，不断丰富经验，发展思考力、理解力、判断力与反思力等。为了发展考虑，对学生的自由进行限制似乎是可以接受的，主要有以下三个方面的原因。

（一）未成年人缺乏相应能力

未成年人尚未经过系统的学校教育，亦无形成较为完善的认知体系，他们缺乏相应的自由能力。密尔（Mill, J. S.）在《论自由》中强调："这条教义只适用于能力已达成熟的人类。我们不是在论幼童，或是在论尚在法定成

年男女以下的青年。"① 诚然，社会不会干涉任何一个成年人做出任何选择，因为作为一个成年人他有较为充分的自由权利，更为重要的，他必须为自己的自由选择负完全的责任。

正如康德（Immanuel Kant）所说："未受培养的人是生蛮的，未受规训的人是野性的。"② 人生而有一种强烈的、出于自然的冲动，学生作为未成年人，野性的冲动有余而理性不足，在知识能力、道德水平和自制意识等方面都比较弱，给予其过度的自由易于让未成年人屈从于不良的偏好与欲望当中。③ 他们当下对自由的追逐只是天然的冲动，这并不是真正的自由，而是无知的表现。以"剪发"为例，大多数反抗剪发规定的学生主要有以下三种心理主导：第一，追求新潮的审美。学生受到明星潮流等的影响，追求新颖的发型，希望变得漂亮和时尚，看起来更有个性。第二，寻求群体的关注。一些学生希望通过独特的发型来接收更多来自教师和学生的关注，以获得一定的存在感和归属感。第三，反抗意识。一些学生正处于青春的叛逆期，不愿自己的发型受到学校的管制。这几种思想倾向都是学生不成熟的心理表现，他们心智尚未健全，面对外界的事物还未形成独立的价值判断，容易随波逐流或走入误区。正如伯林（Berlin, I.）所说："老师或父母给了他们潜伏的或真实的自我，迎合他们的需要，以反对他们更肤浅的自我的暂时的需要，这些需要在人成熟时就像老皮一样会蜕掉。"④ 学生当下很多行为诸如对发型的过分看重只是肤浅的暂时需要，这会随着时间的流逝、教育的深入而有所变化，如果学生在学校里因为一些无关紧要的事情影响了学习状态和学习成绩，不仅对学生个人的发展不利，对家长还有整个学校都会产生一定的影响。

（二）学生的角色没有拥有真正的自由

未成年人进入学校接受教育之始，便具有"学生"这一社会角色。这一

---

① ［英］约翰·密尔. 论自由［M］. 许宝骙，译. 北京：商务印书馆，2007：11.
② ［德］伊曼努尔·康德. 论教育学［M］. 赵鹏，何兆武，译. 上海：上海人民出版社，2005：5.
③ 马凤岐. 自由与教育［M］. 北京：北京师范大学出版社，2008：119.
④ ［英］以赛亚·伯林. 自由论［M］. 胡传胜，译. 南京：译林出版社，2003：322，186.

角色要求学生必须服从学校的相应管理，通过限制每个学生的部分自由来保障最大多数学生的学习权益，并同时在学校范围内维持良好教学和管理秩序。学校管理进行"限制"的主要手段便是通过校规校纪来划定学生的自由范围，学生可以在这个范围内享有自由，如果越过界限，则会受到校规校纪的惩罚。

具体说来，一些学校针对课堂的学习情况制定了"不准学生带手机入校园"或"只能在生活区内使用手机"等规则；为了改善晚自习的纪律情况，则加强了教师巡逻与监管，以此避免以上厕所为由的学生走动、玩耍现象。除了对学习纪律的管理，学生的仪容仪表也一直是各学校严格管控的内容，学校管理者认为学生身份和角色的一项重要体现便是仪容仪表，包括发型、妆容、衣着等。社会大众对学生的惯有认知便是发型清爽、衣着整洁的简单而朴素的形象。为了避免学生跟随明星的时尚潮流，追逐一些高调的发型还有奇装异服，减少学生中攀比的不良风气影响，很多学校在《中学生日常行为规范》提出的要求学生"穿戴整洁、朴素大方，不烫发、不染发，不化妆，不佩戴首饰，男生不留长发，女生不穿高跟鞋"的基础上，会增加学校内部的管理规定，比如强制穿校服，定期检查发型和设置学校内部的发型标准。很多学生抨击学校对发型的严格把控，认为此种举动是多余且无意义的；但如若缺少了这项严格要求，一些学生会通过各种方式来钻管理的空子，比如有学生会私自烫发和染发，有男生为了酷每天将头发束起来，或者剪成贝克汉姆式的莫西干头，也有女生经常将头发披散着。不仅如此，很多学生会携带小镜子，一有时间就打理自己的头发，有些甚至在课堂上照镜子。这些现象都表明如果不加限制，学生会给予发型以过度的关注，甚至影响自己的学习时间和投入精力。基于此，学校只能借助发型管理将学生的注意力转移到学习上来，引导学生将时间投入有意义的事物当中，帮助他们明确当下最重要的学习任务。此外，学校也希望借由发型标准来引导学生塑造符合社会习俗的惯有认知，避免出现超越公共尺度的个别现象，让学生的发型回归公共性，以平常的样式来实现学习的正常状态，[①] 从而避免社会浮躁风气在校园内

---

① 熊和平. 学生身体与教育真相［M］. 杭州：浙江大学出版社，2014：64.

的传播，建设良好的校园文化、校风校纪。

（三）作为受教育者有发展的需要

学生作为受教育者，最重要的权利和义务便是接受教育，促进自身发展，成长为合格的社会人。这种特殊身份在保障其特有权益的同时也带来了一些不可避免的限制。为了促进学生的发展，必须重视教育工作者的指导功能：他们必须具备有关什么是优良的或恶劣的发展类型，以及对学生或成圣或作恶的潜能负责等观念。① 比如国家通行的中小学生行为守则及一些学校内部设置的规范，这背后正是学校乃至国家对于学生发展的期望和要求，他们在某种"善"或"好"的价值观念影响下引导学生发展的轨道，具体包括课堂与自习纪律、午休纪律、活动安全、仪容仪表等方面，希望借助这些方面的管理，来帮助学生形成受教育者的角色和身份认同，养成规则意识和集体意识。

这些措施普遍应用于中小学学生管理中，虽然在施行的过程中容易引发部分学生的不满，但是往往获得大多数学生和家长的支持。也许有人会问，学校管理者用一些强制的方式来替学生做了更明智、更成熟的决定，这是否算剥夺学生的自由？其实不然，诚如我们平常所观察的，如果放任学生自由选择和行动，他们极容易选择对其有害的事物，甚至沉溺其中。② 很多学生会受电视、电脑和手机等电子产品的"诱惑"，在学习生活中出现看闲书、传纸条、照镜子甚至旷课等行为，以此消耗本属于学习的宝贵时光。历史上声势浩大的进步主义教育运动以"儿童中心""创造性的自我表现"来反对传统教育过度重视知识忽视儿童的倾向，但最后其自身也被"儿童中心"所束缚。③ 这些事实证明，在学校中给予学生完全的自由，过分放纵学生的兴趣，过分重视学生的个性，缺少系统的课程安排与计划，最终只能导致学生学业成绩的下降以及偷懒、乖张、放纵等不良性情的养成。彼得斯（Peters，R. S.）

---

① ［英］Paul H. Hirst, R. S. Peters. 教育的逻辑［M］. 刘贵杰, 译. 台北：五南图书出版公司, 1994：39.
② ［英］约翰·密尔. 论自由［M］. 许宝骙, 译. 北京：商务印书馆, 2007：10.
③ 郭晓平. 美国进步主义教育运动的社会意义及失败的教训［J］. 北京师范大学学报, 1989（3）：96.

在《伦理学与教育》中讲到,他有一次问一位同事,他的父母为什么不再让他就读于所谓的"新学校",同事说,校长不在的时候,学校简直就是一个地狱,到处是欺小凌弱的事情。① 未成年人的知识能力、道德水平还有自制意识都比较弱,给予其过度的自由只能让未成年人屈从于不良的偏好与欲望当中。② 杜威(Dewey,J.)也对这种现象进行批评:"这种方法真是愚蠢。因为它尝试不可能的东西,尝试必然愚蠢的东西;它误解了独立思考的条件。"③独立思考的条件不是外在的自由,而是内在的、负责任的自由。"发展"立场从结果论的角度出发,遵循"最大多数者的最大利益",保障最大多数学生最大的学习权益,排除一些学生以自由之名来逃避学习和影响他人学习的情况,是无可厚非的。

二、"自由"的立场:尊重学生的自由是必要的

"自由"立场认为学校管理者不应为了学生未来的发展而牺牲其当下的生活质量和生命体验,学校管理者限制学生的游戏时间、与同伴交往的时间、了解大自然与社会的时间、无所事事发呆的时间甚至是了解自己性格特长与发展兴趣爱好的时间,而把这些时间都用于学生的学习活动。④ 诚然,学生的发展固然重要,但是不是值得牺牲学生所有的自由来促进发展?"自由"的立场认为这是值得考虑的,其理由主要基于以下三个方面。

(一)并非所有自由权利都能让渡

有些自由作为人的基本权利不能让渡,这是中小学学校在学生管理中不可逾越的底线。据《中华人民共和国宪法》《中华人民共和国教育法》《中华人民共和国义务教育法》《中华人民共和国教师法》《中华人民共和国未成年

---

① Peters, R. S. Ethics and Education [M]. George: Allen and Unwin Ltd, 1966: 118.
② 马凤岐. 自由与教育 [M]. 北京:北京师范大学出版社,2008:119.
③ 涂诗万. 杜威教育思想的形成 [M]. 杭州:浙江教育出版社,2015:135.
④ [英] 马克·沃恩. 夏山学校的百年故事——献给当代的教师、校长和家长 [M]. 沈兰,译. 北京:教育科学出版社,2014:2.

人保护法》等法案的相关规定，学生不仅享有普通公民的权利，还享有"学生"和"未成年人"身份带来的基本权利，主要包括受教育权和人身权。受教育权是学生最主要的权利。《中华人民共和国义务教育法》规定适龄儿童、少年都有接受义务教育的权利。这也是人的应有权利，学校不得以任何理由侵犯学生受教育的权利。① 人身权是公民权利中最基本的一项权利，具体包括身体健康权、人格尊严权，人身自由权、隐私权、名誉权等等。其中，身体健康权是公民依法享有的身体健康不受侵害的权利，它是学生人身权的重要内容。人格尊严权是主体对自己尊重和被他人尊重的统一，是对个人价值主客观评价的结合。《中华人民共和国义务教育法》和《中华人民共和国未成年人保护法》都指出应当尊重学生的人格尊严，不得对学生体罚、变相体罚或施加其他侮辱人格尊严的行为；人身自由权是指公民的人身自由不受侵犯，是公民参加各种社会活动和享受其他权利的先决条件；隐私权又称个人生活隐私权，是公民不愿公开或让他人知悉个人秘密的权利。尽管如此，很多学校在管理中并未关注到学生的这些基本权益，比如一些学校强迫学生剪发侵犯了学生的人身权，在宿舍门上"打孔"侵犯了学生的隐私权，② 限制学生在晚自习上厕所、实施"课间圈养"，还有禁止男女生交往过密，包括不许并行、共餐、互赠礼品、直接交流等，都侵犯了学生的人身自由权。甚至一些学校对违反校规的学生予以劝退，如河北某中学劝退携带手机入校的12名学生，这直接侵犯了学生的受教育权。③ 这些在社会上引起非议的管理手段都不同程度地侵犯了学生所享有的基本权利，漠视学生作为一个人所应受到的尊重，并未将学生视为一个平等独立的个体来对待。

（二）自由是学生成长的需要

学生成长需要自由，但是学校管理尤为担忧给予学生一定的自由选择和

---

① 高君智. 教育法学 [M]. 兰州：甘肃人民出版社，2011：53.
② 学校管理不能牺牲学生隐私权 [EB/OL]. （2017-05-18）[2023-2-16]. http://views.ce.cn/view/ent/201705/18/t20170518_22953404.shtml.
③ 学生带手机被劝退是学校管理蛮横 [EB/OL]. （2016-03-29）[2023-2-16]. http://views.ce.cn/view/ent/201603/29/t20160329_9897151.shtml.

行动权利之后，他们会在学校范围内犯错，带来管理上的隐患和难题。基于防范性的考量，很多学校以强制而不容学生反抗的方式推行校规校纪，企图将学生的言行举止限于一个安全的框架，抑制学生犯错的过程。近些年来，"课间圈养"逐渐成为很多学校的管理手段。一些学校规定课间10分钟除了喝水和上厕所，学生不可以出教室，午休也不能到操场玩，放学后要马上离校。学生为了出去"透透气"，唯一的借口就是上厕所。① 学校管理者以"我为你好""我为你的未来着想"等心理自居，认为现下的限制是暂时且无伤大雅的。这种权威倾轧的背后体现的是一种父权主义的观点，他们将自己的意愿和喜好强加在学生身上，忽视或漠视学生自我的偏好和兴趣，甚至否定学生基本的自由能力。

这种"看管式"的管理隐含着一定的危机。一方面，学校管理者迫切希望将学生引入成人的理智的做法当中，而忽略学生在接触一个新的规则或事物的时候不可避免地处于尝试错误的阶段。这种从外部强加的规则并不是学生个人的切身经验，学生仅仅在行为层面遵守规则，而没有在思维层面上产生理性的认知。"经验本来就是一种主动而又被动的事情，它本来就不是认识的事情。"② 主动意味着经验就是个体的尝试，被动意味着经验就是承受个体所做的事情的结果。从经验中进行学习的过程就是"我们对事物有所作为和我们所享的快乐或所受的痛苦这一结果之间，建立前前后后的联结"③。另一方面，学校管理者的"预防"和"看管"仅限于学校的管理范围内，学生脱离此环境后的安全隐患并未减少。学生长期生活在束缚之中，习惯被分配好的时间，机械服从教师的指示，这不利于学生顺利习得自由能力，较难成功适应需要自己做主的生活。学校管理若只关注学生合规范性的行为，容易对

---

① 小学奇葩规定：课间不许出教室只准喝水上厕所 [EB/OL]. (2016-2-18)[2023-2-16]. http://edu.sina.com.cn/zxx/2016-02-18/doc-ifxprucu2957869.shtml?zw=edu.

② [美] 约翰·杜威. 民主主义与教育 [M]. 王承绪, 译. 北京：人民教育出版社, 2001：154.

③ [美] 约翰·杜威. 民主主义与教育 [M]. 王承绪, 译. 北京：人民教育出版社, 2001：154.

学生思维和经验的发展产生不可逆的影响。其实，犯错是一个学习的极佳方式。学生作为未成年人，一个不同于成年人的极大特点就是他们拥有犯错的权利。一般来说，如果不是危害到学生身心健康的错误都有发生的权利，学生可以在尝试错误的过程中了解不同事物之间的关联，丰富自身的经验和智识，激发创造性思维，提高解决问题的能力。这是一个宝贵的经验，也是学校管理者应该给予学生的学习和成长的机会。

（三）自由是教育的重要目标

自由本身是有价值的，它是教育的重要目标。如果学校一开始就不给学生必要的自由，又如何能指望学生在离开学校的时候成为真正的自由人？"用法兰克福的术语来说，一个自主的行动者是这样一个行动者，他有一个自己的意志，并对自己的各种意愿进行持续的批判评价，而且有机会把自己的意志转化为行动，其意志也是自由的。"其中，"意志的自由在这里意指一个行动者可以自由地想要他希望自己想要的东西（is free to want that which he wants to want）"。① 简单来说，一个真正的自由人能同时拥有行动自由和精神自由。

学生通过知识技能的学习、生活经验的增加得以在离开学校时基本拥有行动自由，但是精神自由的发展确是当前教育有所缺失的。学生内在的精神自由不常以显性的方式体现，也容易夭折在学校管理的过程中。一方面，学校管理以不同的方式侵占了学生的自由时间，让学生疲于应对学校管理，而无属于自己的真正的闲暇时间。陶行知先生曾说："现在一般学校都把学生时间安排得太紧，一个茶杯要有空位方可盛水……一般的学校把儿童的全部时间占据，使学生失去了学习人生的机会，养成无意创造的倾向，到成人时，即使有时间也不知怎样下手发挥他的创造力了。"② 另一方面，学生易被学校出台并强制执行的各类规则所驯服，丧失个体的自由能力。密尔指出："若是一个意见的根据对于本人自己的理性说来还不足以当结论而他却采纳了那个

---

① ［英］约翰·格雷. 密尔论自由：一个辩护［M］. 毛兴贵，译. 北京：人民出版社，2015：86.

② 胡晓风，等. 陶行知教育文集［M］. 成都：四川教育出版社，2005：722—723.

意见，这不但不能加强他的理性反倒会减弱他的理性。"① 这个观点是对反对学校管理过度干预自由的有力辩护。学生尚未对学校出台的各类规则形成理性上的认知，只是作为客体被告知要在何时何地完成某件事或不允许做某事。这种理性上的不认可状态容易引发学生的叛逆情绪，以显性或隐性的方式表达出自己的不满，但不管以何种方式进行反抗，在学校管理者这一权威主体面前，学生的反抗力量微弱，对大多数学生而言，他们只能在学校的一项项管理手段中逐渐放弃自身的理性，形成服从意识，其中一些学生可能采取不服从的反抗行为，但大多数在家长和学校的重压下最终也只能屈从。在学校的大背景下，学生作为权威的被压迫者，不管过程如何，只要学校管理者不改变自己的指令，在大多数情况下，学生只能接受和服从。学校管理的内容很多时候与社会的要求相一致，学生在学校里服从校规和学校舆论，在社会上就会演化为服从习俗、惯例还有社会舆论。一个人如果做任何事都是因为外在的规定，那么他就没有做任何选择。这种被驯服的主体也就没有了精神自由，更何谈个体的自由能力与独立人格？

三、面向学生自由的发展

学校管理中普遍存在着自由与发展的博弈。学校管理者如果针对学生的自由制定过多的校规校纪容易招致限制学生自由、妨碍学生个性发展等批评，然而，学校管理者如果突然减少对学生自由的管控也会有家长和大众质疑其对学生的学习和发展是否产生负面影响。针对学校管理是否应该给予学生自由的问题，"发展"立场认为过度的自由会阻碍学生真正的发展，"自由"立场则坚持限制学生的自由并非促进其发展的有效手段。从根本上说，此二者并不矛盾，自由与发展本就密不可分，学校管理必须面向学生自由来促进学生发展，而不能舍自由或抛弃发展。

---

① [英]约翰·密尔. 论自由 [M]. 许宝骙，译. 北京：商务印书馆，2007：69.

(一) 自由与发展的关系

我们从三个方面来说明自由与发展的密切关系。

首先，自由是发展的前提。这要求我们考虑学生的基本自由，尊重每个人的基本权利，这是发展的必要前提。这里的自由是伯林意义上的"消极自由"，它表明一个人的行动不被别人干涉和阻止，是一种"免于……"的自由。[1] 就个人发展来说，学校管理需要尊重每个人的基本权利，保障学生作为一个未成年人和学生等身份的基本自由；就群体发展来说，每个人都拥有同等的自由权利，任何人不能因自己的自由而伤害他人的自由权利，如果不把某一个人能做什么同其他的人能做什么和不能做什么关联起来，这个人就不能做任何事情。[2] "自由的基础是人的共在存在，自由包含了个人对他人的责任，遵守个人和他人的共同生活契约。"[3] 这两方面内容给学校管理提出了相应要求，学校在保障学生基本自由的同时，也必须设置一个合适的范围来约束学生的言行举止。借助适当规则来培养学生的规则意识和责任意识确有其必然性，只有在一内化规则的环境中成长，学生的独立性与品格的韧性才有可能从冲突中发展，[4] 在潜移默化中了解必要的限制是为了让每个学生都获得同等的最大限度的自由，并随之习惯成熟社会的自由状态。

其次，自由是发展的内容，自由不是原初的拥有物，而是有待努力获得的东西。[5] 真正的自由意味着学生能拥有理性自主的能力，自觉地做出合乎道德的事情，并承担自己应尽的职责和义务。正如康德在《论教育学》中所说："必须向他证明，对他施加一定的强制，是为了指导他去运用自己的自由，人

---

[1] [英]以赛亚·伯林. 自由论[M]. 胡传胜, 译. 南京：译林出版社, 2003：322, 186.

[2] [美]约翰·杜威. 人的问题[M]. 傅统先, 邱椿, 译. 上海：上海人民出版社, 1965：90.

[3] 曹永国. 自然与自由——卢梭与现代性教育困境[M]. 福州：福建教育出版社, 2012：105.

[4] Peters, R. S. Ethics and Education[M]. New York：Routledge, 2015：198.

[5] 涂诗万. 杜威教育思想的形成[M]. 杭州：浙江教育出版社, 2015：135.

们对他进行培养,是为了他有朝一日能够自由,即不再依赖他人的照料。"①康德将真正的自由建立在他的道德律之上,每个人都要在自己的实践活动中命令自己遵守自己内心的道德法则,在他看来,这种道德法则是每个有理性者所不能否认的"事实"。② 这个过程不是一蹴而就的,必须贯穿在学校教育和管理的过程中长期实行,即将自由作为重要的发展内容,从学科、技能、生活等方面贯彻自由的要义,给予学生思考和实践"自由"的机会,助其从道德、理性的层面领会自由的真正内涵。

最后,自由是发展的条件和手段。自由具有一定的风险,但这种风险是学校管理所必须承担的。学生需要通过运用和实践"自由",才能获致属于个人的、真实的发展。密尔认为,个性得以发展的一个重要前提便是充分的自由选择空间,鉴于自由选择的过程需要个体运用他的一切能力:"他必须使用观察力去看,使用推论力和判断力去预测,使用活动力去搜集为作决定之用的各项材料,然后使用思辨力去作出决定,而在作出决定之后还必须使用毅力和自制力去坚持自己的考虑周详的决定。"③ 这些能力都是借助自由的条件才得以发展的,学生的个性发展不能仅仅靠知识的传授和技能的掌握,需要给予其一定的自由选择空间,让学生在相对自由的环境中逐渐发展出需要进行选择和作出决定所需的各种能力,如果没有这种机会,学生便难以成功发展出此类能力,也较难成为一个具有独立性格的人。

(二)立足自由的发展目的

学生是教育的起点,每个学生的自由发展是教育的根本目的。在学校管理过程中,学生自由包括两个向度:一是立足当下,保护基本的自由权利,包括生命权、隐私权、发展权等;二是面向未来,对学生的行为予以必要的强制以增进他们今后运用自由的能力。可以说,学生发展最终是指向学生理解自由、运用自由的能力,从教育的目的来看,旨在铸就其独立选择、合理

---

① [德]伊曼努尔·康德. 论教育学 [M]. 赵鹏,何兆武,译. 上海:上海人民出版社,2005:14.
② 邓晓芒. 康德自由概念的三个层次 [J]. 复旦学报(社会科学版),2004(2):27.
③ [英]约翰·密尔. 论自由 [M]. 许宝骙,译. 北京:商务印书馆,2007:69.

行动的可能性。作为能力的学生自由主要指理智的或理性的自主性，它直接作用于个体审慎的思虑与行动。譬如，康德将理性自主（rational autonomy）视为主体明确的、自觉的理性动机和人类尊严的必要表达。理性具有启蒙作用，理性的自主性表明个体敢于独立、公开地运用理性的态度和能力，是儿童走向成熟的标志。这意味着要在实践中尊重作为人的儿童，视其为拥有自主选择、自我决定、自我负责的潜在能力的行为主体，关注如何使儿童通过对理性的运用去发现行动的准则、如何从儿童自身出发确立行动准则。

从发展的意义上理解学生的自由，这构成了学校管理工作运行的重要理念基础。学校管理的秩序和效率无论如何优化，对许多学生而言似乎都只是外在于自身的限制和约束，他们尚未将个人的需求、兴趣或意愿同自己所身处的环境或生活条件联系起来考虑。而要真正发挥学校管理的育人价值，无疑需要触及学生自由发展的深层意涵。杜威就以自由的工具性价值为导向，强调理智在反省思维中的作用，即自愿去探究任何信念（即使是权威论断）的根据，主动参与构建信念的基础。对学生的思维训练需要细心而周到地教育指导，使深思熟虑的、内含于思维过程的自觉目的成为合理行动的支撑，增强他们对思维过程的控制能力。理智是一种科学的思维品质，理智的培养不仅需要方法性的知识，而且还必须有运用方法的态度和意愿。"理智的责任心"就是这样一种源泉，引导学生有意识地发现按预期步骤行事所招致的后果，并愿意承担这些合乎情理、随之而来的后果，意在避免因对所学内容的意义及其与所持信念、行动的差异而出现的思想混乱和恣意行动。由此，杜威提出"只有理智的自由才是唯一的永远具有重要性的自由"[1]，理智的自由区别于仅仅作为手段而增加的外部活动的自由，它是一种做出明智判断的内在力量——"对于有真正内在价值的目的，能够作出观察和判断"。[2]

实际上，随着学生心智的逐渐成熟，外部施加的具体限制将会减少，外

---

[1] [美]约翰·杜威. 我们怎样思维·经验与教育[M]. 姜文闵，译. 北京：人民教育出版社，2005：246.

[2] [美]约翰·杜威. 我们怎样思维·经验与教育[M]. 姜文闵，译. 北京：人民教育出版社，2005：275.

部能够提供以满足个体需要的自由形式也更少。学生个体必须通过对直接妨碍行动的种种困难的反省与克服，从他人的强制中解放出来。理智的生长，一方面意味着教师以使学生创造自我控制（self-control）的力量为教育目的，看重教育中所提供的自由活动的理智过程；另一方面，学生不止于服从外部强制的禁止，更应遵从经由个体自身的反省判断后的禁止。学生的自主性也不能通过单纯取消外部控制而实现，教师必须有意识地通过更加明智的计划，及时对学生即刻的、任性的冲动与欲望加以批判，以免其陷入对外部控制的逃避之中。

（三）学校管理的自由尺度

面向自由的发展这一立场要求学校管理结合学生的学习权益和自由能力，将学生的幸福视为所有决策和行动的基本价值，创造出一个自由而不散漫、严格而不死板的校园环境，促进学生的自由发展。学校的规则如果仅从学生的学习权益出发考虑，而未结合学生的自由能力的需要，一切便都是机械性的。然而，这种现象在学校管理中比比皆是，从媒体报道中的学校管理状况也可管窥一二。现当下的学校管理越来越不敢给学生基本的自由，呈现出"越管越多、越管越严"的发展趋势，主要体现在学生在校时间的划分越发精细、严密，课间自由活动的内容、地点和范围等越发受限，自习时间的纪律管控越发严格，以及对学生个人的衣着打扮的规定越发统一。学校管理者对这种"强制"管控的解释一般有三种：其一，方便管理；其二，减少学生在学校中的安全事故发生率；其三，在应试教育的大背景下，提高学校的升学率。这三个解释无可厚非，但却折射出学校管理的跑偏和越位。因而，学校管理必须一方面保障儿童的发展不因自由而被冲击，另一方面确保儿童的自由不因规则而受到压制。[①] 鉴于此，尊重学生的基本自由与增强学生的自由能力便是学校管理中处理好自由与发展关系的重要尺度。

1. 尊重学生的基本自由

尊重学生的基本自由要求学校在保障学生基本权利的基础上，尊重学生

---

① 周兴国. 教育与强制——教育自由的界限 [M]. 福州：福建教育出版社，2012：17.

在学校发展中的主要自由,即包括思想自由、表达自由、学习自由与行动自由等方面。

思想自由,指学生能够拥有自由思考、独立选择的空间。要拥有这种空间的前提是学校避免过度运用"灌输"和"强制"的手段。在教学中,杜绝让学生死记硬背的应试教育,在给予知识和方法的同时给出我们接受的理由,让学生能够对所接受的知识有所判断和评价;在管理中,避免强制安排学生去执行任务、完成事件,而是要在适当的时候让学生了解我们让他做某事的理由和意图[①]。由此培养学生理性的思维能力和理解能力,避免思维惰性和服从心理,进行合理的质疑和选择,在习得普遍的社会知识、价值的同时能保留自己独特的反思能力,获致思想上的自由。这种自由有利于塑造学生的个性和品性,形成独立的世界观、人生观和价值观,追求自我的道德理想和美好生活。[②]

表达自由,是指学生能够在学校里自由地表达自己内心的想法、意见等,主要有学生和学校两个层面。就学生层面而言,学生应能在课上或课后合理表达自己对所学内容的看法,尤其是质疑和批判的权利。但是,大多数教师往往会遏制学生表达出与教科书观点迥异的看法,主要是担心学生的问题或回应超出自己的掌控范围,同时也顾虑特立独行的回答不符合教科书主流观点,影响学生的应试成绩。除学习之外,学生生活上遇到的问题和烦恼也可以和教师倾诉,寻求建议。但这常常因为教师权威的过度建立,导致学生对教师难以产生亲近之感,很多时候也不敢、不愿去和教师交流内心的想法。就学校层面而言,学生应能就学校的教育教学、管理等各方面的工作表达自己的意见,包括对学校各项工作的看法和建议,让学生意识到自己的学习生活和学校各方面的工作息息相关,将自己作为学校发展中的一分子,表达自己的声音,这有利于培养学生的公民参与意识。

学习自由,是指学生有一定自主地选择学习内容、分配学习时间、安排

---

① Peters, R. S. Ethics and Education [M]. New York: Routledge, 2015: 39.
② 金生鈜. 论教育自由 [J]. 南京师大学报(社会科学版), 2004 (6): 68.

学习任务的空间。学生在义务教育阶段所接受的教育内容主要是国家规定好的课程，各个学校出于应试考虑，往往会增加课程内容、加深作业难度、分配学习时间，侵占学生自由安排学习时间和选择学习内容的空间，让学生从主动方变为被动方，影响自主学习意识的养成。由是，学校应当给予学生一定的自主学习的机会，如开设一些符合学生兴趣的选修课程，不侵占学生的自习时间，通过这些管理手段来保障学生学习的自由。实际上，学习作为学生时代的主要任务，重点不仅仅是为了考试，在自主学习的过程中学生能不停地试错并找到属于自己的学习方法，这个过程既培养了学生的选择能力，又让学生学会自己做决定，并尝试为自己负责。

行动自由，是指学生在学校里的行动不受各种不合理的干预和限制。首先要保障学生的人身自由，满足学生的生理需求，严禁各种不利于学生身体健康发展的管理手段。其次要让学生自由支配课余的时间，进行休息和游戏，有同等的机会参加文化和艺术活动。再者不得干预学生间的正常交往活动。如以防止恋爱为名义的限制男女生之间的正常交流、交往活动不利于学生形成正常的两性意识；再如以学习成绩将学生分成三六九等，以此来安排班级位置，这将会影响学生形成正常的伙伴意识，以外在的成绩而不是内在的人品作为择伴依据，过度强化学生的竞争意识。

2. 增强学生的自由能力

学校教育与管理的真正目的是培养未来社会合格的成年人，拥有自由思考和行动的能力，能在法律允许的范围内不受自由地做自己想做的事情，追求符合自己期望的美好生活。为达此目标，学校管理势必要摆脱当前过度"看管"的现状，给予学生适当的空间，增强学生的自由能力。我们以"学校要求学生剪发"为例来体会管理的尺度。一种是强硬式的管理。有些学校要求学生不论男女必须剪短发，并发布相应发型标准。如果学生开学时发型不合格，将会被禁止进入教室，甚至面临劝退。一种是开明式的管理。有些学校效仿国外的"疯狂剪发日"，鼓励学生在当天顶着他们自己所能想象到的最古怪、最有创意的发型来到学校，尽情展示自己内心的想法。也有的学校鼓励学生在过年的时候剪一个自己最喜欢的发型，开学后以照片的形式在班级分享。这些学校以这种方式给予学生一个自由展示的空间，也让学生更加理解了学校对仪容仪表的要求和规定。从这两种管理方式中可见，过于强硬的管理手段会招致较多的批评，相比而言，开明的管理方式更能彰显学校管理的智慧，无论是决策还是管理方面都显现了学校对自由尺度的良好把握。

  首先，理性决策，保障学生的质疑权利。学校在管理规则的制定过程中要将学生的自由与发展的权益视为各项决策的前提。上述两种管理方式中，强硬式的管理手段仅以方便管理为目的，为剪发的顺利推行甚至以学生就学权利相要挟，开明式的管理手段更能从学生的角度出发，为学生对自己发型的掌控提供适当的空间。除此之外，在决策前后都要妥善听取学生意见，也应告知学生制定规则的缘由和意图，给予学生理性思考和反思的空间，与此同时，通过管理反馈渠道的设置来保障学生对管理规定的质疑权利，让学生在参与管理的过程中学会理性思考、合理质疑，逐渐获致自由思考的能力。

  其次，弹性管理，关照学生的个人需求。每个学生都是独立的个体，对不同管理手段的情绪反应都不一样。当前，很多学校管理都呈现僵化思维，不仅对所有学生设置同样的标准，不考虑例外情况，还制定严苛的管理规定。如上述案例要求所有学生统一发型，就忽视了一些特殊学生的情况：一些头型不适合理寸头的男生也可能因此受到同伴嘲笑；再如一些留了多年长发的女生会有强烈的不舍情绪。这些情况都可能影响学生的在校生活。很多管理手段都是为了解决某些问题而涌现出的僵化应对，并未考虑到学生主体的不同需求。由是，学校管理应该保持一种弹性，在解决问题和学生自由之间寻求一种平衡，在推行新规的过程中关照学生的个人需求，对一些因个人原因难以接受规定的学生要及时进行辅导和疏通。

  再次，行为指导，培养学生的安全意识。在学校管理中，很多时候基于安全考虑，就对学生的行为进行诸多限制，这不仅不利于学生的身体健康，也不利于学生以后成为真正的社会自由人。真正基于学生权益的管理"限制"还应指导学生的行为，培养学生的安全意识，而不应仅仅把目的局限在"学生的在校安全"。比如，学校管理人员可以通过开设安全讲座来培养学生的安全意识，让学生了解危险的行为、活动和地方，再给出应对各类危险的建议；

也可以增加体育课的内容，实际指导学生的日常行为，让学生了解哪些行为比较容易受伤害，增强日常行为的安全性。通过这些安全教育可以让学生形成真正的行动自由的意识，了解自己能做的和不能做的事情，在学校里自由安全地行动。

最后，家校合作，取得家长的理解与支持。家长对学校的支持和理解是学校管理工作正常运行的重要保障。在当前社会，每个学生都是家长的心头肉，打不得骂不得，一些教师因此在学生教育和管理问题上手足无措。其实，在学生问题上学校管理人员应和家长直接对接，充分沟通，让家长走入校园、走入课堂，让家长了解学校各项管理手段，听取家长的部分意见，取得家长的理解。这样不仅有利于学校教育和管理工作的正常运行，保障学生的教育质量，还能避免因学生意外导致的家长过激反应，产生与学校之间的矛盾。在学生发型的开明式管理手段中，家长被学校和学生邀请参与学生发型的设计，帮助学生完成心中的发型创意，这样既尊重了学生的自由权利，也让学生和家长更能理解学校作为育人机构的一些必要管理手段。

综上所述，学校不能仅从学生的自由或发展的单面视角进行管理，而应面向学生的自由来促进学生的发展，这种价值取向是以承认个体理性和道德意志的重要为前提的。学校管理应当保持初衷，注意管理的尺度，在规则的制定和执行中给予学生必要的自由权利和自由空间，向其证明规则的必要性，进而更好促进学生的自由发展。

第五章　教师的自主

案例：

推门听课

　　一天课前,贾校长提前告知一位已有两年教龄的新教师要听她的课。她却红着脸说:"贾校长,不好意思,这节课我安排了单元测试。"贾校长说:"那没关系,我下次再听好了。"本以为这很正常,也没多想。不巧的是,当他因事路过这位教师上课的教室时,却意外地发现她竟然没有进行单元测试,而是堂而皇之在上新课。下课后,贾校长强压住心中的怒火,打电话叫她来。过了一会儿,她红着脸、小心翼翼地走进了办公室,低着头像做错事的学生一样站着。当贾校长问起刚才是怎么回事时,她低着头轻轻地说:"我就是不想让你们领导来听课。"她的回答令贾校长很吃惊,问及原因,她说:"我对推门听课很反感,甚至可以说厌恶。由于没有心理准备就会非常紧张,这是上不出好课的。作为新教师,对没有教过的新课,总是没有把握的;而领导听课后,就会打下烙印,据此对老师的教学能力做出判断,那岂不是冤枉。我们新教师很希望把推门听课改作领导预约或教师邀请听课,这样就能把自己的最好水平发挥出来,充分展示自我。"这让贾校长很疑惑,因为也有教师很支持"推门听课",认为该措施可以督促他们认真备课、上课,发现自己课堂上不到位的地方,有利于他们的专业成长。[①]

---

① 案例整理自网络新闻。

上述案例反映了一个现在中小学普遍存在的管理制度——"推门听课"。在此案例中，贾校长提前告知了这位老师自己要去听课并且遭到了教师委婉的拒绝。但其实在实际操作中，"推门听课"的根本做法是领导不定时间、不定班级、不定年级，实现不打招呼，随时随班进教室听课，以此检验教师备课、上课的情况。[①]"推门听课"也叫"推门课"。"推门课"已然从教学改革时期的以教学诊断、指导为目的，[②] 变成现如今新课改阶段"为了学生发展"的以教学管理和监督为目标。目前，关于"推门课"，无论从理论还是实践层面都进行了深入探讨。在理论层面，很多专家指出其背后可能存在的学校管理效能与教师专业自主提升之间的内在不一致；而在实践层面，"推门课"制度的实行在中小学教师中间其实存在很大的争议，不同的教师乃至学校领导对于"推门课"的看法都不一样。通过对现有探讨的梳理我们发现，学校领导往往从管理效能出发为"推门课"制度的制定和实施进行辩护，而中小学教师往往站在专业自主的角度宣称自身的权利与自尊。那么，"推门课"制度究竟在何种程度上实现了制度初衷和理想目标，又在具体实践中可能带来怎样的后果呢？本章将重点从"推门课"及其背后反映的学校行政关系与专业关系之间冲突的角度出发，重新审视"推门课"的合理性，进而探讨教师专业自主与学校管理效能之间达到平衡的可能路径。

一、"推门课"的实践及其争论

正如"公开课"因其过多的"演练"和刻意作秀而饱受争议，"推门课"这样一种看似克服了公开课弊端的制度也在遭受多方质疑，教育管理者、中小学教师乃至教研人员对于其"存"与"废"都持有各自的观点和理由。

（一）"推出来"的合理与效能

要想掌握教学管理主动权，学校管理者就必须要了解教师的上课情况，

[①] 杨学杰. 校长要慎用"推门听课"[N]. 中国教育报，2017-06-14.
[②] 程爱理. 怎样组织听课[J]. 中小学管理，1990（5）：50-52.

而最有效的办法莫过于听课，但公开课和展示课往往无法真实地反映教师的教学状况和学生的学习情况，于是不打招呼、随进随听的"推门课"，便似乎成为管理者能够掌握学校教学生态的最简单、最真实、最有效的方法和手段。作为"推门课"制度设立的主体，学校管理者的初衷自然是为了学生发展、教师专业发展和自身管理效能的提升，那么"推门课"在实际操作中具体有何功效，其正当性又在哪里呢？

首先，从"推门课"设置的合理性上来看，2012年底教育部下发的《义务教育学校校长专业标准（试行）》明文规定，校长要"建立听课与评课制度，深入课堂听课并对课堂教学进行指导，每学期听课不少于地方教育行政部门规定的课时数量"。"推门课"作为一种听课手段自然也是符合该政策要求的。而从公开性来讲，教师的教学是为学生的学习和发展服务的，对服务的对象学生是公开的，对学生以外的他人包括学生家长也应该是公开的，甚至作为学生监护人的家长有权监督教师服务的质量和水平。① 因此，支持该制度的学者分别从学校管理者的领导权、对教育教学的监督权以及教学的公开性来为此辩护，认为"推门课"制度的设置不仅具有政策和法规上的依据，且合乎教学和管理逻辑。

其次，从管理效能上考虑，学校管理者设置"推门课"的本意即是杜绝教师不做准备就进教室授课的做法，是教学管理中的一种抽样调查手段，目的是帮助包括校长在内的管理人员获得第一手的教师上课情况，从而更有针对性地实现对教师教学的管理。② 在一定程度上，学校领导者要想了解真实的课堂和教师的上课状况，走进课堂是最直接有效的方法，但是如果提前通知授课教师，授课教师会刻意地加以包装，使课堂变得不真实。而学校管理者平时接触到的也都是提前打磨了很久的做了充分准备的公开课、展示课以及研讨课，这些课堂往往是出于评比、研究的目的，无法从中得到真实的上课情况、教师备课情况以及学生真实的表现。因此，"推门课"这种"突击撞入

---

① 杨骞．"推门课"是一种"草根式研究"[N]．中国教育报，2007-05-15．
② 杨学杰．校长要慎用"推门听课"[N]．中国教育报，2017-06-14．

式"的形式，在学校管理者看来是最能真实反映教师课堂教学效果的方式，[1]同时，有助于对责任心不强、教学能力比较弱、教学效果比较差的教师实行有效的过程监督和管理，对其他教师实现有的放矢、"因人制宜"的检测和鼓励，从而可以使校长等学校管理者"从课堂中来，回到课堂中去"，推广成功的课堂教学经验，掌握教学管理主动权，开展更切合实际的教学研究，改善管理效能。[2]

再次，对于教师发展而言，就如有教师曾提到的："我们很欢迎'推门听课'，因为我们都很用心在准备着每一堂课。所以突然性地检查，更能发现我们的课堂是否有不到位的地方，更有利于我们的成长。"[3] 故而，由于推门听课"随时随地"和"不可预期"的特点，决定了一个有价值追求的、不甘落后的教师，要想展示出自己良好的工作状态，就必须时时处处注意自己的教育教学行为，同时也迫使教师备好每节课，上好每节课，教育好每一个学生，而不是在大型活动或者重要场合临时"作秀"。[4] 另一方面，"推门听课"可以帮助校长全面了解教师的工作表现，把握教师的发展倾向和发展需求，有针对性地对每位教师提出改进建议、专业发展目标和进修计划，更加充分地关注教师个体差异，引导教师追求个性化的教学方式，更好地促进教师的专业发展和主动创新。[5] 因此，"推门听课"的外在动力加之教师的内驱力，必然鞭策和激励教师要规范自身教学行为，促使每一位教师更自觉地钻研教材、认真备课、研究学情，改变部分教师随意、懒散的坏习惯，从而增强教师的质量意识、危机意识和忧患意识，最终促进教师的专业发展。

---

[1] 周彬. 推门听课：何以让教师开放真实课堂 [J]. 福建教育（小学版），2012（4）：17－19.
[2] 杨邦清. 关于对当前学校"校长推门听课"的几点思考 [J]. 现代中小学教育，2013（1）：76－78.
[3] 马跃华. 厦大附中："推门听课"助力年轻教师成长 [N]. 光明日报，2011－01－30.
[4] 尚志鹏. 推门听课"推"出美妙交响曲 [N]. 三峡日报，2008－11－23.
[5] 杨邦清. 关于对当前学校"校长推门听课"的几点思考 [J]. 现代中小学教育，2013（1）：76－78.

(二)"推出去"的真实和信任

纵观上述支持"推门课"的立场，学校管理者设置"推门课"制度的初衷，即是希望通过这种在教师不知情的情况下突然"撞入"的形式，看到自然的常态课，从而促进管理效能，并继而提高和促进教师的教学质量和专业发展。那么，这样的希望在实际操作中真的如其所愿吗？其看似正当性的背后是否有需要辩护的地方呢？

一方面，就真实性而言，"推门听课"作为一个制度而存在，那就意味着教师有随时接受校长听课的义务：既然是一种强制性的义务，就难以保证教师心甘情愿地履行，也就难以保证教师为校长提供的课是真实的。① 而这种不真实表现在两个方面：一是主动的不真实，即所谓"上有政策，下有对策"；二是被动的不真实，即教师由于没有做好心理准备，过于紧张，从而导致没有上出平时的真实水平。就第一个方面来说，有学校校长就曾经遭遇这样的"尴尬事"：上级教学检查组到学校听突袭式"推门课"，当他们在教室坐定后，授课教师见这么多领导来听课，先是一愣，接着便改变授课计划，临时布置学生做练习。检查组在教室枯坐了两三分钟，就悻悻地退出了教室。② 抑或，有的教师为了应对这种突然袭击，会把已经上过的课再上一遍。这样的课自然也就谈不上什么真实性了。除此之外，还有论者提到这样的例子，一位在某高中国际部教德语课程的教师在一次讲词汇时，"推门课"的"评审团"不期而至，由于这一部分的内容比较枯燥和难懂，他本打算在课程引导部分用德语讲述，后面部分用中文进行分析，以便学生理解。但是他们学校对外语课程有强制要求，要求中文讲述部分不能超过课程时间的 1/3，而这个考核指标在对教师授课的评价中又占据着比较重要的地位。"反正领导是听不懂德语的，我破天荒地用德语讲了整整一节课！"③ 第二个方面在现实的教育

---

① 周彬. 推门听课：何以让教师开放真实课堂 [J]. 福建教育（小学版），2012 (4)：17—19.

② 杨坤道. 听"推门课"与改上练习课之"尴尬" [J]. 中国教育学刊，2014 (12)：97—97.

③ 刘媛. "推门课"现存问题及对策 [J]. 内蒙古电大学刊，2016 (2)：104—106.

教学中也经常出现，一般情况下，学校领导主要会推门去听年轻的新教师的课，很多教师对此感到很突然，措手不及，由此被迫打乱上课节奏。此外，"推门课"也会在一定程度上分散学生的注意力，使学生情绪波动，教学效果由此受到影响。如此一来，教师教学的真实性肯定会大打折扣，学校管理者不仅不会得到想要的结果，还会因此对一些教师产生误解，这也将会与学校管理者设置"推门课"的初衷背道而驰，其管理将在多大程度上具有科学性和有效性也还需进一步考量。

另一方面，从师管关系来看，"推门听课"在某种程度上是建立在一种对教师不信任的前提下，认为教师从本质上就是会弄虚作假、好逸恶劳的，而从学校的角度出发，管理者似乎必须采取强硬的措施加以防范，才能杜绝教师消极怠工。且不论"推门听课"的实际效果如何，单就其前提假设来说，就极大地伤害了教师的自尊心，是对其人格和师德的彻底否定。[1] 在这样充满不信任的氛围下，教师自然对学校领导"不怀好意""怀恨在心"，有些教师甚至在课上就会与学校领导起冲突。有论者提到自己上中学时候的亲身经历："一天，教语文的王老师给我们上课，五六分钟后，学校校长、主任带了一帮教师推门鱼贯而入。还未坐定，王老师脸上显出不高兴的样子，大声要求进入课堂听课的校长、主任、老师：'你们不能这样随意进入课堂，影响教学，请你们出去！'他们只好狼狈退出。后来，王老师就被调走了。"[2] 由此可见，这样的"推门课"会在一定程度上极大地破坏教师和学校领导之间的关系，使彼此产生隔阂。此外，目前中小学教师的工作量都很大，要想让教师对每一节课都精雕细琢几乎是不可能的。而很多学校管理者又几乎把"推门课"当作他们了解教师、评价教师的唯一途径，一旦他们所听的"推门课"效果不理想，便会采取批评、惩罚等一系列措施，甚至有的学校领导者把"推门课"当作"整"教师的手段。[3] 有学校甚至将"推门课"的结果与教师的奖金

---

[1] 许莉莉. 从教育学、心理学视角看教师抵触"推门听课"问题[J]. 教育探索，2008（6）：134—135.

[2] 李晓星. 小议"推门课"与"敲门课"[J]. 教学与管理，2002（34）：28.

[3] 许建美. "推门课"存废之争再议[J]. 上海教育科研，2009（3）：20—21.

和考核挂钩,并采取"末位淘汰制"的方法。① 这样的情况不仅会使教师对教学感到很疲惫,也会对学校制度乃至学校管理者滋生不满的情绪,而在这样彼此不信任的学校氛围中,校长推门进去听到的课,很可能是一个有抵触情绪的教师上的课,是一个生怕被追责的教师上的课,或是一个善于迎合领导的教师上的课,② 而这不免与"推门课"想要达到的提升管理效能、促进教师专业发展的初衷背道而驰。

二、行政管理与专业自主的博弈

关于"推门课"是否合理的争论其实是基于不同主体的立场,其中最主要的两个主体,即学校管理者和教师。对于前者而言,他们认为学校管理者有权对教师的课堂进行监督和管理,且有相关的政策和法规上的依据;何况,学校出于促进学生发展和教师教学质量提升的目的对教师课堂进行监督检查也有其充分的合理性。但是,暂且不说这一"手段"在现实的学校管理中能否达到管理者的初衷,或者能在多大程度上保证目标的实现,"推门课"这种形式究其本质是对教师专业赤裸裸的不尊重与不信任。其具体表现为三个方面:

一方面,从制度设置的起点来看,大部分学校设置"推门课"是学校领导层面单方面决定的,继而以出台学校管理制度的形式通知教师。对于教师而言,无论同不同意都只能被动接受,这其实就已经忽略并侵犯了教师作为学校成员对制度设置的参与权、表决权与话语权,更何况被学校决策"边缘化"的教师还是该制度中的主体。再者,如果关注教师教学过程的目的是监控教师的教学行为,便会挫败教师的专业自尊,让教师放弃自己的专业标准

---

① 刘媛."推门课"现存问题及对策 [J]. 内蒙古电大学刊, 2016 (2): 104-106.
② 周彬. 推门听课:何以让教师开放真实课堂 [J]. 福建教育(小学版), 2012 (4): 17-19.

与专业责任感。①

再一方面,从制度实施的过程来看,随意"推门"本身在法律上就构成了对教师权益的侵害,甚至涉嫌违法。就听课主体来说,谁有资质对教师的教学进行评价和指导?因为教师作为专业人员,其法定的"教育教学权"应当得到尊重;此外,尊重的一个前提就是:没有专业评价、考核资质的单位与个人,在未经教师本人同意的情况下,无权随意进入课堂听课。教育行政部门亦无权僭越指导、监督职权而干预教师的课堂教学行为。明确这一点,是尊重和维护教师"教育教学权"的前提和基础。②

最重要的是,在教师评价方面,如上所述,有些学校往往简单地将"推门听课"的结果作为评价教师课堂教学优劣的依据。但是,教师教学具有连续性,很多学校领导听课并非是提前做好了"功课"才来,而是在不了解教师教学的目标、计划、前后连贯的基础上随意进班,并且只凭"一课之缘"的感觉对教师的教学进行评价,这在一定程度上是没有科学依据且有失公允的,这种单方面的武断决定也是对教师理应受到公正评价和评估的权利的一种侵犯。可见,"推门课"背后反映的恰是学校管理者对教师专业自主的忽视。那么,教师的专业性到底为何?在课堂教学这一场域中,以牺牲教师专业自主的方式来换取学校管理效能的提升是否值得且合理呢?

(一)何为教师专业自主

对于教师这一"专业"的由来,联合国教科文组织早在1966年就通过了一项题为《关于教师地位的建议》的文件,其中明确将教师工作视为一项专业活动,并规定了教师所享有的职业上的专业自由,其中第63条就提到:"任何领导监督制度都应鼓舞、支持教师履行职责,不得损害教师的自由、创造性和责任。"以及第64条:"在需要对教师的工作作某种直接评定的时候,这种工作评定应客观,并为该教师所知晓;教员有权利对自认为不恰当的工

---

① 周彬. 推门听课:何以让教师开放真实课堂[J]. 福建教育(小学版),2012(4):17—19.
② 许建美."推门课"存废之争再议[J]. 上海教育科研,2009(3):20—21.

作评定提出申诉。"① 国外的弗里德曼（Friedman）等学者对于"教师（专业）自主"做出了相对较为明确的界定："教师（专业）自主"是"教师驾驭自身及工作环境的权利""教师摆脱他人对其职业行为或发展的控制的权力""摆脱束缚的自由""（教师所）拥有的人们一般接受的道德和法律范围内倡导、实施新的理念、项目和课程的完全自由"。②

在我国，于1993年颁布的《中华人民共和国教师法》也第一次以法律的形式明确规定教师是"专门人员"，并指出教师的权利主要包括教育教学权、学术研究权、学生指导权、参与管理权和进修培训权等。这些法律意义上的教师权利，为教师专业自主行为规定了一个相对明确的范围和边界。③ 而钟启泉先生在课程改革之初也提到："教师专业自主"是指教师在其专业领域里依其专业智慧，执行专业任务，包括课堂教学、学校或是组织决策，以维持其专业品质，及不受非专业的外界干预的状态。④ 具体来讲，从学理层面，教师自主行为表现为外在自主和内在自主，而外在自主反映的就是教师不被外在环境所控制，能摆脱外界对自己的束缚并能支配和利用环境的能动作用；从法理上，教师的教育权意味着教师要学会拒绝教育行政上的不当指挥对教育的干预。⑤

综上所述，关于教师专业自主的论述，其核心就是"自由"和"不受外界干涉"，尤其是不受外界非专业人员的干涉。而在"推门课"这一制度的实施中，无论从形式还是实质上，教学管理人员不打招呼直接推门听课的行为都属于对教师教学自主权的非法干涉。一方面，从空间上来讲，当教师进入教室的那一刻就是在从事教学活动，就意味着专业自主的开始，无论其他人员以何种形式进入教室并在不了解教师上课内容、风格的前提下对其评头论

---

① 万勇. 关于教师地位的建议 [J]. 外国教育资料，1984（4）：1—5.
② 转引自：慕宝龙. 教师专业自主的概念论争及其思考 [J]. 教育学报，2014（5）：113—121.
③ 李茂森. 教师专业自主：何以可能与如何可能 [J]. 教育发展研究，2008（2）：48—51.
④ 钟启泉. 教师专业化的误区及其批判 [J]. 教育发展研究，2003（4）：119—123.
⑤ 吴小贻. 教师专业自主权的解读及实现 [J]. 教育研究，2006（7）：52—55.

足都是在侵犯教师的自主权。另一方面,从主体上来讲,教师以及他们从事的职业保证了"专业性"的称号。他们接受的不仅是一种通才教育,而且也是一种专业教育。一般的行政管理者接受的是管理培训,他们都是以管理为目标,并没有经历过师范教育,他们并不以教育为本。[①] 而对教师而言,专业自主是"教师能够自由地使用教育教学方式来实现学校的系统目标,而不必经受非专业人员(学校管理者)的干扰或束缚"[②]。但一般来说,前来推门听课的校长及其他管理人员在某种程度上正是属于非专业者,而专业自主权不仅仅意味着教师享有种种教育自由,它同时也要求教师能自觉地抗拒非专业人员(如非专业的行政人员)的干预,这即是通常所说的对"外行决定内行"的反抗,其实质亦是一种权利救济。当然,也有另外一种情况,即教育行政管理者大都也是专业出身,不是外行,但是就其"督查"的身份来讲,当他们用自己的标准去评价或干涉其他教师时,冲突自然也会发生。[③] 那么,保护、尊重教师的专业自主到底有何意义呢?

(二) 为何尊重教师自主

专业自主是任何一个职业成为专业的必备条件。教师自主的目的是学生的自主发展。教师在培养学习者自主性方面承担多重角色和责任。教师作为教育领域一个重要的专业性职业群体,其自主不仅是自身作为社会个体自主的重要体现,更对社会公民实现自主有着非凡的意义。[④] 此外,教师自主也是体现教师劳动自由、满足教师高级需要、促进教师专业发展、提升教师生命发展、合乎教育教学规律、促成学校课程发展、确保师生主体地位的重要保障。[⑤] 同时,因为教师专业自主有其权利基础(法律制度上)、知识基础(教

---

① [美] 约翰·古德莱德,罗杰·索德,肯尼思 A. 斯罗特尼克. 提升教师的教育境界:教学的道德尺度 [M]. 汪菊,译. 北京:教育科学出版社,2012:22.
② 姚计海,钱美华. 国外教师自主研究述评 [J]. 外国教育研究,2004(9):44—47.
③ 蔡春. 在权力与权利之间:教育政治学导论 [M]. 北京:北京师范大学出版社,2010:120.
④ 慕宝龙. 论教师专业自主能力的内涵结构 [J]. 教师教育研究,2017(3):1—7.
⑤ 林成堂. 教师专业自主权问题之研究 [D]. 上海:华东师范大学,2007.

师个人实践知识)、伦理基础(教师德性、自由)、环境基础(管理体制),①因此,简单来说,尊重教师专业自主首先是对教师法理上权利的正视,其次是保证对教师作为专业知识拥有者的认可,再次是规范教师专业伦理和专业自由的尺度,最后是对学校管理教师的边界约束。

总体来说,尊重教师自主,这是促进教师专业发展、提升教育教学质量的一个重要前提。听课、评课等常规手段或许可以为定期的教师评价提供一定的客观信息,有助于管理人员近距离了解教师的工作和专业行为,但这些监控方式本身只能起到辅助作用,如果对此过于依赖,特别是为了获取"真实""日常"的资料而采取"闯入""突袭"等策略,就对教师的知情权、自主选择权构成了直接的干涉乃至侵犯。实际上,这不利于长远意义上的教师发展。且不论这类行政管理方式所依据的评价标准和尺度是什么以及是否合理,但就监督和问责等手段而言,只可视为一种组织运行所必要的外部控制形式,实质上无助于教师的自我认识、反思以及专业精神的内在成长。

不仅如此,在现实生活中,教师要取得真正专业的身份,具备完全的专业地位,目前还遭遇层层困难。其困难有来自外在的,也有来自内在的。所谓外在的困难是教师受雇于人的事实,就如"推门课"这种教育行政部门直接干涉教师课堂教学的做法,教师的课堂教学处于密集的权力网络中;以及在现行教育行政体制下,行政权力习惯性地对教师的教学过程和教学行为进行事无巨细的管理和约束,教师疲于应付各种要求、迎接各种检查,教师教学自主空间被严重挤压。② 在形式主义和工具主义的影响下,教师非专业化的事务增多,处于高强度高密度的职业生活状态。③ 而处于学校行政管理和科层体系决策过程最底端的教师,由于没有自主教学的空间,对教师职业丧失了

---

① 李茂森. 教师专业自主:何以可能与如何可能 [J]. 教育发展研究,2008 (2):48—51.

② 贾汇亮. 教师教学自主权的缺失及保障 [J]. 课程·教材·教法,2014 (8):38—43.

③ 苏强,吕帆,周健民. 迷思与困惑:教师赋权失范的二重性 [J]. 教育研究,2014 (11):107—112.

信心，丧失了专业兴趣，没有了专业发展的内在动力。换个角度来讲，如果说"推门课"的合理辩护里包括一项为了间接促进教师专业发展，那么这种所谓的"促进"也是一种"他主"形式下的促进，即教师处在一种体制驱使下的"被发展""被管理"的"被动"境地。而这样会让"主动型"的教师抵触发展，使"被动型"的教师过于依赖外部的监督，从而形成惯习，在没有外部压力和控制的情况下很容易懈怠，自主发展的意识、空间、能力会越来越弱。体制之于教师的负面效应，使得教师这个极具专业属性的群体流失了专业属性的同时，也无形中抑制了教师专业发展的能动与自主。[①]

正如叶澜教授曾经提到的：目前教师队伍建设最为紧要和根本的是切实保证教师专业自主权；教育是一项公共事业，但教师是专业工作者；公共事业需要政府保障和公众支持，但对于在教育专业领域内的工作，如教师的教学、教育工作，公众在要求教师承担责任的同时，必须不侵犯其专业自主权。自然，先决条件是教师要具备专业资格。现在较普遍存在的问题是，外界对教师、学校和教师专业工作的干扰太多。[②]其实归根结底，这种学校组织行为和教师专业行为边界之间的模糊，是致使教师专业自主受挫的主要原因。那么学校管理到底应该在什么程度上既可以实现自身管理的目标，而又不以牺牲教师的专业自主为代价呢？两者之间的边界又在哪里？

三、追求管理与自主的"双赢"

对于管理者来说，一项制度的制定必定要考虑多方面的因素，尤其在学校这个特殊的教育场域中，教育和管理对象的人的属性，决定了学校管理必须从"人"的立场出发，正如教师要出于良善的目的考虑学生复杂性和主体地位一样，学校管理者同样要基于伦理精神和道德规范去对教师进行管理，在这个过程中，要充分考虑到教师专业发展的自由和自主。那么，学校管理

---

① 杨晓奇.论"他主"与"自主"契合的教师专业发展[J].中国教育学刊，2015(10)：93－98.
② 叶澜.改善发展"生境" 提升教师自觉[N].中国教育报，2007－09－15.

与教师课堂开放如何才能具有合理性和一致性？要靠二者的共同努力。一方面管理者需要厘清行政管理的边界，另一方面需要两者共同协商沟通，基于"同意"和"信任"搭建管理效能与专业自主之间的桥梁。

（一）厘清专业边界，创建信任氛围

学校行政管理无非有两个主体，管理人员与教师。二者之间也并非单纯管理和被管理的关系，教育管理者如果一味地追求管理权威、教育行政化，就会导致"压迫"和"被压迫"关系的出现；而教师如果以职业专业化为目标，刻意维护封闭的自治和自主时，专业化的教师职业也会失去活力，二者之间关于话语权、主导权的博弈便由此产生并加剧。① 其中，学校管理与教师课堂开放如何才能具有合理性和一致性，首先关涉的就是学校行政管理对教师专业自主的理念和管理手段的边界，明晰教育行政权力之有所为、有所不为的边界，让教育行政权力在边界内运行，才是解决诸多教育问题的关键。根据依法行政的基本原理，行政权的运行需要遵守两大基本原则：行政合法性原则与行政合理性原则。根据行政合法性原则，教育行政权的运行应遵守法制边界；根据行政合理性原则，教育行政在行使行政自由裁量权时，应遵守基于教育规律的专业边界，还要遵守公平、正义的价值边界。就其专业边界来讲，作为行政权力的教育行政权，其管理对象是教育。而教育是一种复杂的社会现象，有其自身的特殊规律。任何对教育的管理活动，只有遵循教育的自身规律，才能促进教育发展，否则就会阻碍教育发展。这就要求教育行政权力必须敬畏教育规律，不能逾越教育专业边界，对学校的教育教学、科研活动等方面进行过多的干涉。②

就"推门课"来讲，学校管理者拥有的管理权与教师的专业自主权都属于合法的权利，但其合理性在学校这一教育场域中却值得质疑。边界的两端应该是彼此的信任和尊重，在这个前提下，一切的协商和决策才是合规律性

---

① 于忠海. 教育改革中行政化管理与教师专业自主博弈的反思［J］. 教育学报，2009（1）：89—93.

② 龙耀. 论教育行政权力的边界——基于中国教育行政化问题的研究［J］. 教育学术月刊，2011（6）：3—6.

的，一切的开放和管理才是主动和有效的。教育部门的行政人员或学校行政人员的主要任务在于协助教师的"教"与学生的"学"，以发挥教育效果，进而达成教育目标。正如美国学者汉森（Hanson，M.）的建议："每个教师都有权去发展教育内容……我认为只要能取得好的结果，就应该给他们较大自主权。如果突然这种方式发生故障，或是学生有什么意外，这时才是管理者起作用的时候了。"[①] 各级教育行政人员如果对教师工作过多地介入或不当地干预，不仅影响到教师的专业自主，也会影响到教育教学的效果，进而影响学生的发展。[②]

实际上，从外部介入的监督方式充其量只是学校管理层用以了解教育教学过程的辅助手段，就积极的意图而言，这本身应当成为一种支持性的工作，即以教师自身的专业权威、意愿和需求为核心，而不是本末倒置，在执行学校管理规章时显露"专横""强制"的形象，给予教师不合理的压力。诚然，学校需要对教师及其教学工作的质量负责，但这显然不是一项简单的或者单方面决定的任务，与管理目标直接挂钩的行为并不具有天然的合理性，特别是面向作为教育者而非仅仅雇员的教师群体时，这种身份特征就在道德或伦理层面显现出值得慎重考量的独特意义。具体来讲，要想从根本上解决行政管理与专业自主之间的冲突，最重要的还是回归人本身。要想保持良好的伙伴关系，学校管理者首先应当承认教师的专业自主，在制定管理政策时与教师进行协商，至少应当在专业的边界进行"试探"，了解教师的想法，同意是一切合作达成的基础，双方信任的氛围是一切措施得以顺利执行的保障，而教师和管理人员之间的人际和谐则是学校一切教育管理活动重要的桥梁。学校管理人员应当时刻牢记教师的专业立场，承认并尊重教师的专业自主，不将"推门课"变成牺牲教师专业自主换取所谓"开放课堂"的产物。只有这样，当教师感受到学校管理者对自身专业的尊重时，他们也会自然而然地主

---

① Hanson，M. Educational Administration and Organizational Behavior [M]. Allyn and Bacon，1991：101.
② 姚静. 论教师专业自主权的缺失与回归 [J]. 课程・教材・教法，2005（6）：70—74.

动开放,邀请校长来听课,征询其他教师乃至管理者的意见,这样的"课"才是"真实",这样的"管"才是"双赢"。

(二) 明晰管理目的,规范管理手段

对于学校管理者来说,任何行为都会关涉到一定的目的、手段和结果。行为的手段与目的应该是一致的、统一的,行为手段应当服从并服务于行为的目的,而无论目的还是手段,只要违反了善良的意志、伦理的原则,都将有损于管理行为整体的道德价值。从"推门课"这一案例来看,学校管理者首先应该明晰采取这一措施的目的,即并非为了抓教师的"小辫子"对其进行惩罚,树立所谓的权威,而是应当出于管理效能和教师专业发展。基于此,相应的管理手段自然不能采取"推门"这一可能对教师专业自主产生直接威胁的行为,因为它违背了手段的合理性和道德完整性。但可能有人会说,这种措施确实带来了很多的积极影响,对教师起到了激励作用,有利于提高教学质量云云。这就又陷入了功利主义的结果论思维,即为了结果可以不择手段,只要结果是正当合理的就能证明手段的合理性。其具体表现就是教育管理和行为常常以人的成长和发展为借口,本着为了人的发展的动机,实际上却实行着伤害和压迫人的发展的真实行为,产生了有损人的发展的效果。这种"我是为了你好"的论调在现实生活中比比皆是,例如采取体罚的手段来促进学生的自制和"听话",美其名曰"为了学生的发展",但这并不意味着体罚就是合理的,因为"只有教育管理制度本身是公正、合理的,才能够产生规范、有序的教育教学行为;只有教育管理制度是善的、体现伦理精神的,才能够塑造道德的、以人为本的学校教育环境"。①

具体来说,教育场域中的管理手段应既有利于教育管理目的的实现,还有益于教师专业水平的提高。不难想见,一种标准化的、程式化的操作流程并不完全适合于教师工作的评估,考虑究竟何种手段才有助于教师专业成长的持续推进,以及促使教师真正获得与自身能力相匹配的自主权益,就需要进一步反思和优化学校管理制度的运行方式。其实,"推门课"在形式上可以

---

① 郅庭瑾. 教育管理伦理研究 [M]. 北京:商务印书馆,2008:167.

看作是行政管理手段中的教学视导模式。教学视导是指对教师的课堂教学过程进行的观察和指导活动，其目的是提高教师的教学能力和技巧，改进教学的效果，促进教师的专业发展。其主要模式包括临床视导、合作性专业发展、个人化专业发展和非正式视导等模式。其中，临床视导是较为规范和有效的一种视导模式，包括观察前会议、教学观察、分析和策略、视导会议和会议后的分析五个阶段。[①] 而要想使"推门课"在尊重教师专业自主的同时最大限度地实现对教师教学工作的监督，保障行政效能，首先要将其作为一种规范化的视导制度来实施，形成稳定的机制，并确立明确的检查目的和检查流程，而非为了"突袭"而推门。具体来讲，在流程上严整规划，听课前做好充分的准备，例如对该堂课的授课主题、班级的基本情况先行了解，准备好观察记录工具，事后及时跟老师交流和反馈，这才是顺利听课同时保证听课效果的前提。

此外，根据权变理论的观点，由于现代组织所处环境超系统及组织系统自身的复杂性和动态特征，从而不可能存在某种适用于一切情况和一切组织的普遍管理原则和方法，只能依据各种具体条件选择适宜的管理方式，做到随机应变，这是权变方法的基本原则。[②] 据此，在学校管理中，实现组织目标也并非只能靠某一种手段，对学校管理工作来说，最重要的是能够根据教师的不同特征和需要采取合适的管理方式，因人而异，因时制宜。特别是当教师们仅仅为了满足或者应付不定时的监控和考核而从事教学时，他们在很大程度上就难以主动地为教育教学承担责任。换句话说，学校"问责"的指标和形式可能导致适得其反的结果，抑制了教师自主发挥和创新的可能性，掩盖或者弱化了教师自主进行专业判断和选择的能力。在策略上，学校管理者想要达到的了解真实课堂、提高管理效能的目的，并不是非"推门课"不能实现的。譬如，在实践中，有的学校采取"主动邀请"和"行政邀约"相结合的听课制度，以及课堂实录、教师座谈等方式，[③] 都未免不是了解教师课堂

---

① 吴志宏. 教育行政学［M］. 北京：人民教育出版社，1999：256.
② 姚炜. 权变管理理论研究［D］. 苏州：苏州大学，2003.
③ 刘波. "推门课"需改良［N］. 中国教育报，2007-05-15.

情况的好措施。

总之，在学校管理的伦理考量中，行政制度赋予的权力和教师的专业自主权之间的张力和分歧值得引起重视，无论是二者所管辖领域的差异性还是教育立场的优先性，都意味着我们应当更加慎重地对待教师群体的独特权益，为他们提供宝贵的发展契机。行政管理方式的合理运用要根据教师的教学经验、服务热忱、问题解决能力、专业发展水平、个人性格特征等来决定，而非"一刀切"，仅凭一堂"推门课"去对教师的专业水平进行干涉和评价。学校管理不应只关注行政效率和统一的教学质量监控，而应当在根本上服务于教师的专业发展，帮助教师获得合理范围内应得的话语权和选择权。唯有教师自身能够自主开展专业活动，对自身的实践保有反思和钻研空间，而不是被动迎合绩效考核制度，才能真正促进育人目的的实现。尊重教师专业知识，把教师看作专业人员；承认教师专业自主，把课堂教学当作一个专业实践；保护教师专业权利，把课堂教学的开放视为科学层面的专业探讨。在此基础上提升管理效能，才是学校管理者在学理、法理和伦理层面不可忽视的环节。

第六章　班干部的权力

案例：

"变味"的小学班干部权力

　　前些年，《安徽商报》一则关于班干部逼迫同学吃屎喝尿的新闻，引发了人们特别的关注。据报道，该省怀远县一小学副班长小赐，因被老师赋予检查作业和监督背书的权力，他便以检查其他同学的作业和学习进度为由，多次胁迫同学拿钱给他，甚至逼迫他们吃屎喝尿。据同学们反映，小赐给他们制定了这样的规则：每次背书时，同学必须拿钱，他会根据每个孩子向家里拿钱得手的难易程度，以及各家的经济状况，制定拿钱的数量……因此，班上很多同学都有类似遭遇：拿了钱，过不了关也能过；不拿钱，过得了也不能过。后来调查人员有些不解：喝尿的事为什么不告诉老师或家长？有学生回答：没有告诉，怕他打。尽管后来这一问题得到妥善处理，但类似事件似乎并未停止，后来又陆续出现了一些"班干部问题"。譬如，2019年深圳龙岗区某小学被曝出班干部殴打同学的校园暴力现象，据了解，在由该班班长组织的课间阅读中，12名同学因不认真阅读，班长便以扇耳光、脚踢等方式对他们进行处罚和纪律管理……①

　　在当代中国学校系统中，班干部可以算得上是一类重要的学生群体（角

---

① 案例整理自网络新闻。

色)。无论在小学、初中、高中,还是在大学,其学生工作部门和各个班级往往都会建立特定的组织结构,并选任一部分学生担任干部。[①] 学校每天都会出现当然也需要应对各种大小事务,其中涉及班干部的也不在少数。譬如,学校的党团和少先队活动、班主任工作、班级秩序建立等,都离不开班干部的参与。在此过程中,自然就会出现一些问题,多数时候这些问题都会在合理的边界内,而有些问题则会冲击人们的认知,超越正当的教育边界。上述案例反映的正是这样一个问题。面对这一问题,人们的共同反应是吃惊、愤怒,是不可思议,甚至有的人将其上升到教育未来和国家未来的高度。这种反应或态度也表达出某种共识或立场,即类似的问题不应该出现在学校中,更不能发生在儿童身上。那么再回到上述案例中,其实让人们深感不安的并不是班干部的那些行为,而是行为背后那个更为本质的东西,即权力和由权力带来的不平等。就此而言,班干部权力及其正当性问题构成了我国学校管理领域中的独特议题。本章对"班干部权力"进行考察,通过分析其产生、运行的过程,讨论班干部权力的可能危机,并在此基础上探讨班干部权力的正当性基础。

一、班干部"权力"的赋予

在现代社会中,班级是学校的细胞。学校借助"义务教育制度"将学生强行地纳入自己的组织结构中,以至于学生绝无可能"脱离"学校组织。[②] 学校又是学生和社会之间的中介,外部社会对学生个体的影响往往需要经过学校的"过滤"和"加工"。在这个意义上,国家赋予学校的性质和特征,外部

[①] 这里需要对"班干部"做一说明。首先,本章的班干部主要指在我国中小学校中的学生干部群体。其次,把在学校党团组织(如共青团、少先队组织)中任职的学生干部和在班级组织中任职的学生干部,统称为班干部。原因在于,这些干部虽然嵌入在不同层次组织结构中,但无论从学校性质还是学生生活来看,他们的活动主要是围绕班级展开的,并且很多学校层面的学生干部本身就是由班级产生和推荐,同时也在班级中担任某种职务。

[②] 吴康宁. 教育社会学 [M]. 北京:人民教育出版社,2014:269.

社会对学生的影响，都会在班级中得到体现。由此，我们似乎就可以回答上面的问题了，即班干部的权力是由国家赋予的，他们的行为显然也是受到外部社会的影响。不过，这种权力到底是什么？在现实中又是如何体现和运作的？这是需要回答的问题。

（一）班干部权力的"普遍性"

假如说班干部有"权力"，那么这种权力究竟是什么？或者说，它嵌入在怎样的行动中，又是通过怎样的机制确立班干部"身份"的？多数时候，班干部会比一般学生扮演更多的"角色"，发挥更多的作用。譬如，他们是"干部"，享用班级组织中的"头衔"；他们是"小跟班"，辅助班主任的工作；还是"小警察"，有权力"管"学生并维持班级纪律；等等。这些角色也构成某种"标签"，使得他们能够在特定的场域中展现特定的惯习。但是这些标签的形成，依赖于班干部特定的职责行使，或者更确切地说，班干部的权力就是班干部在行使班级职责的过程中对其他同学产生的某种支配力量或影响。于是，这里有必要对班干部的职责做一考察。这里主要从主观和客观两个维度考察，前者是班干部个体通过主观努力或者体现在他们行动中的影响，后者则是这些行动导致的客观的结果。

与社会其他组织的组织结构类似，班级中也存在特定的组织结构，这种结构是权力行政管理结构在学校中的延伸，当然也有自身的特殊性。那么在班级结构中，班干部可以"管"什么？

首先，"传达要求"。无论在正式或非正式的班规或班干部职责规定中，这一职责都是班干部最基本的权力。他们主要会从学校或班主任处获得"指示"，并将这些"指示"在班级中完整、准确地"通知""转达"或"安排"下去。这便是学校日常生活中最常见的行动。在此过程中，班干部也分担了班主任或其他教师的一部分工作。在学校中，教学和学习生活虽然占据教师和学生学校生活的很大一部分时间，但是教学和学习的正常进行离不开各种其他活动的支撑，典型的如班级纪律、收发作业、课间活动、节日活动、课外活动、奖评统计等，往往很大程度上都由班干部完成。当然，班干部在此过程中也会有分工，譬如在我们此前的调研中就发现，每个班级中至少会有班长、副班长、学习委员、文娱委员、体育委员、生活委员和劳动委员等负责人。除班长和副班长外，与学习相关的事务由学习委员负责，与学校或班级文娱活动相关的事务由文娱委员负责，与体育或运动相关的事务由体育委员负责等等，他们彼此之间有分工也有合作，共同组成一个"领导集体"。

其次，"组织领导"。班级是学校的下位组织，是学生自己的组织，而教师并非班级的成员。从班级目标看，教师的努力与学生的努力没有共同指向性。后者指向自身，是主体的自我实现；前者指向他人，是对客体的加工改造。从班级的机构看，班级的首领是班长，核心领导机构是班委会，下分若干小组，每个学生在班级中都有自己的相应位置，而教师作为社会代表者来说，则超越于班级机构之上。从班级规范看，任何班级规范所约束的都是学生，是学生规范的一种，至于对教师言行的约束，则来自教师的工作规范。因此，班级作为一种学生组织，具有明显的自功能性和半自治性。[①] 在这样一种带有半自治性特征的集体中，班干部发挥着关键的作用，他们会负责组织班集体完成特定的任务，也会带头领导进行班集体建设，如班规的制定、班级文化的建设等等。班干部也会利用其在同辈群体中的影响力，组织同学积极参与各种活动，尤其是在校级层面活动中，班干部的组织协调作用表现得尤为明显。班干部的组织领导能力正是在每一次活动中积累和建立的。

再次，"反映民意"。这也是班干部权力的重要内容。班干部除了要传达来自学校和班主任的各项要求外，还要负责反映"民意"，帮助班主任和其他老师全面了解班级同学在学习和生活中的动态。班干部也是学生，他们和其他同学一起学习和生活，有着共同的经验和感受，对于班级和学校中发生的事情有着大致相同的立场和态度，因此与教师相比，他们从时间和空间上更容易获取班级中的各种信息。其中最为典型的就是维持班级纪律，在班主任"缺场"的情况下，班干部尤其是班长顺其自然地就会成为班主任的"代言人"，他们要负责维持班级纪律。多数时候，班干部可以有效管理班级纪律，但仍然会面临"权威不足"的问题，因此他们就不得不采取"记名字"的策

---

① 吴康宁. 教育社会学 [M]. 北京：人民教育出版社，2014：290.

略，依托班主任的权威维持和管理班级纪律。班主任或其他教师有时候也习惯地将这种策略视为一种方便的管理手段，让班干部及时收集班级生活中的各类信息，并按教师要求反馈给教师。正是这样一种做法，使得班干部为人所诟病，曾经就有人批评班干部是"告密者"，班干部制度在培养"汉奸"。这种批评自然有些极端，但是确实也反映出一个问题，就是"民意"的边界到底在哪里？哪些是可以告诉的哪些是不能反映的，这种情况且不论正在成长中的学生，即便是成人也很难准确把握边界。

（二）班干部权力的"特殊性"

以上是从普遍意义上对班干部权力的内容进行的阐述，这些内容更多地表现为班干部本身的职责，是班干部对其他同学施加的一种有意的影响。然而除此之外，还有一种特殊的影响，这种影响并非有意为之，而是班干部在权力运行过程中产生的潜在、客观的影响。

首先，"权威—服从"观念的产生。在学生进入班级前，虽然他们都在家庭或其他组织中初步感受到了地位的差异和权威—服从的观念，但是至少在组建新班级前，每个学生的机会是大致平等的，每个学生都应该有同等机会获得班干部角色。但现实是，无论什么样的组织都不可能为每个人提供完全相同的机会，因此班干部这样的角色就带有了某种稀缺性，成为需要争取的资源或资本，获取班干部的角色也就意味着获得了相应的资源或资本。因此，无论从何种意义上理解权力，它都代表着一种事物通过某种方式对另一种事物的控制和影响。在班级中，班干部的权力就是因为符合组织规定的准则和价值体系而具有了合法性，而拥有权力的班干部就可以在组织的互动中影响他人。这样，在班级正式组织结构中，学生第一次亲身体验到在制度化了的组织内的地位差异及相应的权威—服从关系，并形成相应的观念。[1] 尤其对这部分学生来说，班干部的职责和权力使得他们在班级互动中占主导地位，使其体验到权力、权威的力量。

其次，"资源—机会"逻辑的凸显。无论是否承认，承担班干部职责意味

---

[1] 吴康宁. 教育社会学［M］. 北京：人民教育出版社，2014：297.

着更多机会的获取；获得班干部角色，他们就会比一般同学更有机会从"边缘"走进班级的"中心"。这个中心，可以是空间意义上的，如教室的讲台、教师办公室、学校升旗台等；也可以是精神意义上的，如同学口中的"榜样"，老师心目中的"好学生"，等等。在很多场合中，班干部总能够轻松地得到关注，特别是在教师和学生不熟悉的情况下，找班干部总是老师们的"首选"；遇有来自校外的诸如访谈、评估、检查等活动，班干部也是学生群体中的"特别代表"。有论者提到，班干部在金字塔形的班级结构中享有诸多特权：一是任务指派权，班主任下达任务至班委会，班干部有权力指定其他学生在活动中要完成的任务；二是优先接触教师，这种优先接触使班干部无形中得到教师更多的关注和关心；三是惩戒豁免权，教师对班干部投注较多的私人感情因素，因此不会对班干部的错误行为进行批评；四是垄断评奖权，在评选"优秀学生"等学生荣誉称号时，班干部都会被优先考虑。[1] 这样，无形之间就会造成不同学生之间机会差异的拉大，进而可能引发对权力的渴望和推崇。

再次，"精英—大众"区隔的显现。学校是一种成就本位的社会组织，它既承担着对学生进行个体社会化教育的职责，也发挥着对未来社会成员进行甄别和选拔的功能。在甄别和选拔的依据中，学生的学习成绩、能力水平等成为重要的标准，甚至是唯一标准。它基本上决定了学校对学生个人的"组织态度"，也决定着学生个人在学校组织结构中的角色位置。[2] 有论者认为，与其他同学相比，班干部具有情商高、能力强、目标意识强等特点，出色的班干部拥有良好的个性和人际关系，沟通、表达、组织、创新能力出众，同时，班干部面对班级问题时，能主动去解决班级问题，具有很强的责任意识和班级归属感。[3] 并且，班干部又是"成绩好""学霸""品学兼优""能力强"

---

[1] 聂旺，李伟言. 班干部制度的教育意蕴及其异化矫正 [J]. 中小学德育，2023(4)：5—9.

[2] 吴康宁. 教育社会学 [M]. 北京：人民教育出版社，2014：281.

[3] 陆敏，白露，束彦，陈静，李家成. 学生干部培养：学生素质发展与班主任的实践创新（访谈录）[J]. 基础教育，2012（3）：88—95.

等形象的具身化，尽管我们没有办法澄清到底是这些因素成就了班干部还是班干部助长了这些因素，但是这些形象或能力与班干部是高度重合的。这样，在班级中就产生一种"精英化"倾向，其他同学会在这种相对比较下显得平常无奇。特别是在当下学校不断"内卷"的背景下，班干部的出色表现往往会更受人青睐，成为"别人家的孩子"，而其他同学则顺其自然地以班干部的行为和表现为榜样和标杆。

总之，我们从普遍性和特殊性两个方面对班干部权力进行了"素描"，也绘制了班干部的"群像"。但这种"素描"或"群像"还只是对班干部权力单调的叙述，事实上还有更丰富的内涵，特别是权力运作经过一定的时间差后，班干部就会转换为一种具有明显"等级"色彩的"身份"，而这才是本章案例所反映的本质的问题。

二、班干部"身份"的确立

班干部的"身份"既是结构性的又是建构性的。之所以说是结构性的，是因为班干部在整个学校体系中的位置很大程度上是由作为制度代表者的班主任来决定的。班干部的"身份"又是日常建构的，因为制度安排下的班干部要在不同的时空中与不同的人进行互动，其"身份"的内涵正是通过与其他学生的差异体现出来的。

（一）班干部"身份"的制度建构

我国的班干部制度师从苏联。苏联基础教育阶段非常重视集体教育的重要性，集体组织建设是把学生培养成为真正的集体主义者的最好方式。因此，在苏联的学校中，班干部制度作为集体组织的重要组成部分，也构成了对学生进行集体教育的重要手段。苏联著名教育家马卡连柯在捷尔任斯基公社开设的学校里就设置了班长制度，班长在班级中要承担来自学校的任务，负责班级纪律、卫生、财务等相应的工作。① 苏霍姆林斯基也十分重视通过班集体和学生组织建设，培养学生的集体主义精神。② 无论是马卡连柯还是苏霍姆林斯基，他们都非常强调集体结构的建设，也就是学生组织的建设，包括班级组织、政治组织、经济组织、专门处理学生活动的组织等。集体主义教育思想被引进我国后，很长一段时间都被教育界奉为圭臬，尤其是马卡连柯的班级建设思想，深深影响了我国班级建设的价值取向。

我国学习苏联的班干部制度，最为根本的背景还是新中国建立初期党和政府发起的全面学习苏联运动。1953年2月7日，毛泽东发出"向苏联学习"的号召，号召在全国范围内掀起学习苏联的高潮，教育领域由此开始"彻底地、系统地学习苏联的先进教育经验"。正是在此背景下，我们把苏联的教育经验与我国的政治建设和教育管理相结合，建立了我们比较熟悉的班级组织与少先队、共青团相结合的制度体系，班干部制度就是在这样的背景下，顺理成章地进入了我国的各级学校和班级。③ 1955年，《中等学校学生会组织条例》颁布，正式从制度层面规定了班主任领导下"班会委员会"的产生办法、组织性质与职责。与此同时，当时的一些教育学教材也把班委会和班干部制度纳入教育学体系之中，并把班委会工作作为班主任工作的主要内容之一，尝试从理论上论证班干部制度的正当性。这里顺带提及一下班主任制度。尽管我国在1952年就设置了班主任，但是直到1979年才形成了一套相对完整的班主任制度，④ 其中，在有关班主任职责的规定中，就把"组织、领导班委会工作，指导本班共青团、少先队开展活动"作为班主任工作的内容之一。⑤

---

① ［苏］马卡连柯. 马卡连柯教育文集（下卷）［M］. 北京：人民教育出版社，1985：258—259.
② ［苏］瓦·阿·苏霍姆林斯基. 学生集体主义情操的培养［M］. 杨楠，译. 长沙：湖南教育出版社，1984：11.
③ 申玉宝. 小学班干部制度的发展进程与反思［J］. 当代教育科学，2012（14）：22—24.
④ 陈桂生. 常用教育概念辨析［M］. 上海：华东师范大学出版社，2012：249.
⑤ 中国教育年鉴编辑部. 中国教育年鉴（1949—1981）［M］. 北京：中国大百科全书出版社，1984：716.

1988年的《班主任工作暂行规定》，进一步明确了班主任对班级组织和班干部的"包办"管理职能，标志着班主任与班干部"一体化"关系的形成。

由此，我们可以断定，建立班委会，遴选班干部，这是班主任在新的班级产生之后必须要做的事情，这不仅是班主任职责的规定，也是我们凭经验即可感知到的事实。遴选班干部的方式有多种，但班主任往往会采取"任命制"的形式，这倒并不是说班主任不重视或没有注意到其他诸如民主选举等方式对学生成长的重要意义，而是因为这种可控的、效率高的方式会比那种不可控的、复杂的方式更"实用"。选择班干部的逻辑是既要"能做事"又要"成绩好"。所谓能做事是指要能够帮助班主任处理一些班级事务；所谓成绩好是指要有比较好的学业成绩。① 此外，档案作为记录学生教育"轨迹"的重要媒介，也是班主任选拔班干部的重要参照物。这就使得档案被赋予了某种特殊意义，它使学生过去的任职经历成为带有"资本"意义上的符号，这些资本"并不站出来发言，但却无处不在，导致的结局就是若某个学生曾经是资本的获取者，就可能始终是资本的获取者"。② 也就是说，尽管这种资本的获取对学生而言并非有意为之，但由于他（她）在此前的教育经历中曾经有过班干部的经历，那么他（她）被选中的机会就很大；而对于任职经历空白的学生来说，他们被选上的几率相对较小。一旦被选中，就标志着班干部的正式"诞生"，在中国语境下，这类群体就构成了班级中的所谓"掌权者"。因此，当班主任以"合法"的名义赋予他们"班干部"身份的时候，他们就凭借"应然"工作观，开始逐步走向班级的中心，进行身份的日常建构，并形成与一般学生之间的身份差异。

（二）班干部"身份"的日常建构

班干部所谓的"应然"工作观，是指班干部在班级工作中的被期待性与自我期待性，它是以班干部在班级日常学习和生活事务中所承担的工作职责为媒介发挥作用的。由此出发形成的班级结构关系，就构成了班干部在班级

---

① 杜明峰. 班干部权力的架构：一项田野调查［J］. 基础教育，2015（2）：79-86.
② 马维娜. 局外生存：相遇在学校场域［M］. 北京：北京师范大学出版社，2003：94.

互动的具体情境。

首先，班干部"身份"在日常时空中显现。出于职责所在，班干部免不了要在教室和教师办公室之间穿梭，这就使得"教师的办公室"与"学生的教室"之间的时空距离浓缩了，他们成为一群与教师友善关系的捷足先登者。① 在学校生活中，班干部的时间大致上可分为不均等的三段，分别是在教室、教师办公室和学校管理部门的时间，在这三段时间中，班干部在教室学习的时间最长，在教师办公室次之，在学校管理部门时间最短。从出入频率上看，班干部出入教师办公室的频率会比出入学校管理部门的频率要高。而相比之下，一般学生基本是待在教室，且在校时间分布比较集中，鲜有与教师办公室和学校管理部门的互动，也很少有机会在这些地方停留。这种时空路径的差异，正如吉登斯（Giddens, A. G. B.）所言，个体的日常生活中也有中心，中心与边缘的区别常常与时间上的持久性联系在一起，那些占据中心的人由于"已经确立"了自身对资源的控制权，使他们得以维持自身与那些处于边缘区域的人的分化。② 同样，在影响社会关系和社会结构的因素中，人们彼此之间的距离至关重要，社会意义上离得"越近"，人们就越倾向于彼此信任，并因而越发开诚布公；越是催生沉默的正式关系和社会环境，则不鼓励这种坦率开放，而是竭力促进噤声。③ 这就意味着，班干部与一般学生在班级中的位置实际上是一种"中心"与"边缘"的关系，而时空分布上的集中与分散凸显了班干部的身份。

其次，班干部"身份"在日常接触分布中凸显。日常接触分布主要指班干部在日常班级管理中与他者接触所形成的关系网。班干部的日常接触对象比较广泛，既有班主任、各科教师、同班同学，也有外班班干部和同年级学生，甚至也会"直通"校长；而一般学生的日常接触对象则局限在所在班级

---

① 马维娜. 局外生存：相遇在学校场域[M]. 北京：北京师范大学出版社，2003：93.
② [英]安东尼·吉登斯. 社会的构成[M]. 李康，李猛，译. 北京：生活·读书·新知三联书店，1998：222.
③ [美]伊维塔·泽鲁巴维尔. 房间里的大象：生活中的沉默和否认[M]. 胡缠，译. 重庆：重庆大学出版社，2011：95.

内部，即班主任和同班同学。这种彼此之间的互动样态展现的是班级内外的一张"关系网"，班干部与其他主体之间存在明显的"强关系"，而一般学生与其他主体之间则表现为一种"弱关系"。在齐美尔（Simmel，G.）看来，一个个体加入一个群体，既受到群体的约束又在其中获得自由，这种关系就是所谓的社会网络关系。在这种关系网中，网络的幅度越大，表明其所占有的社会资本较大，也越表明其所占位置的特殊性。[1] 但生活在社会关系中的人，他的很多行为都受到网络关系的影响，人们进入一个组织时，不可避免也会受到越来越多的约束。已有的研究也表明，班干部在与班级不同主体互动过程中，形成了一种复杂的权力结构：班干部显然会受到班主任的约束，但是在日常班级管理中又有自己发挥作用的空间，因而表现为一种"半依附性"特征；班干部内部分工有余而合作不足，彼此之间并无强制与服从的关系，因而呈现为一种"松散性"特征；班干部与同班大队委员之间是一种"合作—竞争"取向，彼此之间有合作上的需求，但由于影响力不及大队委员，因而会受到他们的"挤压"；班干部与一般学生之间是一种"管理—服从"的关系，但他们会在维持班级纪律过程中受到部分学生的"抵制"。[2] 在布尔迪厄（Bourdieu，P.）看来，社会关系网是获得社会资本的重要途径，一个行动者的社会资本容量既取决于他的社会关系网的幅度，也与社会关系网中每个成员所持有的资本总量有很大关系。[3] 班干部就是在这样的关系网中源源不断地获得文化资本，并借由这种资本的转化，加速与一般学生的分化。

三、班干部权力的"异化"及其根源

作为一种"位置"或"角色"，班干部的设立是应学生成长需要而设立的，其实施应始终紧紧围绕"育人"展开。班干部工作既是学校公共生活的重要形式，也是学生素养养成的必要资源，不仅是班干部，每个学生都有机

---

[1] 周雪光. 组织社会学十讲［M］. 北京：社会科学文献出版社，2012：114-118.
[2] 杜明峰. 班干部权力的架构：一项田野调查［J］. 基础教育，2015（2）：79-86.
[3] 高宣扬. 布迪厄的社会理论［M］. 上海：同济大学出版社，2004：150.

会也应当去体会和学习，并在这个过程中不断走向成熟。在此意义上，学校的班干部制度既是为了儿童也是为了社会。①当然，无论多么好的理念或精心设计的制度，一旦进入教育实践之后就会变得很复杂，甚至与最初的理念和设计完全背道而驰都是有可能的。在班干部的制度实践中，也出现了各种各样的问题，而最主要的就是所谓的"权力异化"。所谓异化，主要是指因对权力的不当使用，使得权力发生弱化或蜕变，譬如人们熟知的以权谋私、权力寻租、权力腐败等等。这些多少带有政治意味的词汇直接迁移或扣到班干部头上，显然极不恰当，因为这其中会涉及学生之外的很多因素，甚至这些外在的因素占据了主导，作为班干部的学生只是一种"工具"或"手段"。不过，我们也不能无视在班干部制度实践中出现的各种问题，近年来出现越来越多的吸人眼球的公共舆论事件已经表明了严重性，不注意这些问题，班干部活动成为"藏污纳垢之地"也就不是什么危言耸听的事情了。

（一）班干部权力的"异化"

1. "定制"头衔

由谁来当班干部，这是制度设计层面的问题，涉及的是学校过程中物品的分配。沃尔泽（Walzer, M.）就说，人类社会是一个分配的社会，人们聚到一起是为了分享、分割和交换，而分配的内容是物品。②学校过程的首要任务之一就是为教育物品命名，赋予其意义并集体制造它们。"班干部"就是沃尔泽物品理论中的一种重要物品。不仅如此，各种荣誉称号、优秀、奖励、课程资源、课堂教学、师生互动等等，也是物品。就班干部的分配而言，无论是基于多元意义的构建，将班干部视为协助班主任进行班级管理的职位、具有奖励或肯定功能的物品、具有公共性质的物品或是一种值得争夺的教育资源，还是基于多元方式的建构，采用"民主选举"、任命制、双班委制或是其他方式选举产生班干部，其对于班干部的意义都并非实质性的。重要的是，

---

① 孙俊三. 班干部：成长和教育的双重需要 [J]. 华东师范大学学报（教育科学版），2013（1）：11—18.

② ［美］迈克尔·沃尔泽. 正义诸领域：为多元主义与平等一辩 [M]. 褚松燕，译. 南京：译林出版社，2002：3.

在当前学校过程中,总会有一部分优秀的学生被充实到班干部队伍中去。而他们只要得到班主任的支持或者同时满足班主任和班级同学的要求,就有可能当上班干部。通常情况下,班主任倾向于选择踏实稳重、办事认真、负责任的学生,一般学生则倾向于支持成绩好、态度好、待人友好、做事公平的学生。① 问题在于,在成就本位取向的学校组织中,能同时满足这两方面要求的只是少数"精英"学生,大部分学生只能被永远地排除在外,这就使得班干部的选拔多少带有"私人定制"的特点。也就是说,班干部只是特定的少数学生的头衔,多数学生很少有机会获得班干部的头衔。这就验证了有论者的观点:"精英主义的观念已经控制了我们的社会与教育。这种观念认定,社会的领导者应该由那些具有能力和学历的人来担任,他们是社会的中流砥柱,因此,教育和社会应当向他们提供更多的机会和教育利益,或者说为了使得他们的能力得到更多的开发,他们在教育中应该获得更多的收益,这才是社会公平的体现。"② 更何况,人们为了保证子女在学校过程中角逐得胜利,也采取各种手段(如家长通过权力或贿赂手段)干预学校教育,使得学校教育的过程正义受到挑战。

2. "区隔"行动

当了班干部之后会如何行动?这是实践方式层面的问题,涉及的是学校过程中主体的行动策略。当班干部开始享有制度赋予的权利并履行相应的职责时,"区隔"便在一些日常权利的享用中显现出来。布尔迪厄就说道:"在一个分化的社会,任何个体、团体和阶层都无法摆脱这一区隔逻辑。"③ 假如布尔迪厄的观点同样适用于学校,那么在社会结构分化或定型化已经渗透到学校的今天,这种区隔已经不再仅仅是时间和空间上的区隔,④ 而且表现为一

---

① 杜明峰. 班干部权力的架构:一项田野调查[J]. 基础教育,2015(2):79-86.
② 金生鈜. 教育正义:教育制度建构的奠基性价值[J]. 陕西师范大学学报(哲学社会科学版),2011(2):157-164.
③ Bourdieu, P. Distinction: A Social Critique of the Judgment of Taste [M]. Cambridge, MA.: Harvard University Press, 1984: 12.
④ 石艳. 区隔与脱域——学校空间管理的社会学分析[J]. 教育科学,2006(4):23-25.

种个体行动的区隔。有论者认为,班干部至少在以下三个方面占有优势:一是自由出入办公室。班干部自由出入办公室,使得他们成为与教师友善关系的捷足先登者,同时形成与在办公室受罚学生的鲜明对比。二是优先聆听权。班干部最先得到班级事务的信息,掌握信息使得他们在同学面前多了一份优越,进而又巩固了他们在班级中的高位占有。三是无形的原谅与宽容。这种原谅和宽容无形中增加了班干部在班级中的影响力,也维持了自身身份的合法性。① 甚至,这种区隔已经引起了学生(尤其是处于班级结构底层的学生)对教育安排的不公正感,他们会认为,那些所谓的奖励看似人人有机会获得,但是真正能拿到奖励的人,"全是他们班干部,怎么可能是我呢!"但对儿童来讲,真正的危机并不在此,而是在教育中得不到承认。教育中的交往结构是一种相互承认的关系结构,学生的精神品格是通过教育对他的"特殊性"的承认获得发展的。② 在儿童看来,教师指定谁当班干部,就是对谁的承认和信任,就意味着他(她)得到了关爱、权利和重视,反之,儿童感悟到的只是排斥和忽略,意味着他们没有得到或者不值得认可或肯定,这对儿童的伤害是严重的。因此,我们似乎又可以理解一些家长为子女"跑官"的行为,它可以被视为是家庭的"爱"在学校的延伸,但与此同时却忽略了学校的性质。

3. "包揽"资源

班干部行动之后又会怎样?这是制度分配层面的问题,涉及的是学校过程中资源的划分。今天我们所处的社会是一个竞争性社会,在这个社会中人们崇尚成功,崇拜精英,这也是一个事实。受此影响,现代学校也难逃竞争社会的藩篱,人们对学校教育的认识和期待越来越多地看重于它是否以及在多大程度上可以为个体带来现实的外部利益,对个人功用主义价值的追求以及利益或地位的角逐也成为大众眼中学校教育的首要功能。在这样的背景下,学校教育所要做的就是提供给人在未来的社会竞争中取得成功的资本,并让

---

① 马维娜. 局外生存:相遇在学校场域 [M]. 北京:北京师范大学出版社,2003:93-94.

② 金生鈜. 承认的形式以及教育意义 [J]. 教育研究,2007(9):9-15.

他们占据有利地位。班干部作为一种值得追求的稀缺资源,[①]自然也就成为大众眼中能够为子女带来利益或价值的资源。首先,"班干部"这一称号就是布尔迪厄所谓的一种"委任状",[②]是国家这一"符号信用的中央银行"签署的所有的委任状中的一种,国家通过这些委任状分派和发布各种社会划分和尊崇声望,因而它意味着一种荣誉和资源。其次,"班干部"也是一张显示个体具有优秀品质和卓越能力的"荣誉证书",代表着一种对少数个体作为"某种社会品德或者某种能力垄断的合法垄断者"的社会性认可。[③]作为一种资源,班干部的意义并不局限于本身,而在于其"社会炼金术"的功能,它通过一个看似"自然的过程",能够成功地把一种善转化成许多别的善。具体而言,在学校过程中,班干部作为一种善物,它在学校这一特殊领域中具有某种支配地位,拥有这一职位的学生凭借这个善物就能够支配大量别的物品,在这个过程中,无论其他学生是谁,也无论这些学生表现得如何优秀,他们都可以因为他们是班干部而成功地对抗其他学生,然后所有好的东西就到了拥有这一善物的人手中。拥有了这些好的东西,别的东西就源源不断地到手了。[④]

4. "制造"等级

班干部在资源获得上的优势带来了怎样的结果?这是教育结果层面的问题,涉及的是学校结果正当性与否。学校教育必须把学生作为具有平等价值的人来培养,正如罗尔斯(Rawls, J.)所说的,平等的公民的立场是一个恰当的立场,所有人都是平等的公民,每个人都占据同一地位。[⑤]也就是说,没有人能够轻易地决定让一部分人可以接受教育而不让另一部分人接受教育,

---

① 杨颖东. 失衡与反拨——我国学校教育价值取向的偏差反思和调整 [D]. 上海:华东师范大学,2014:126.
② 苏国勋,刘小枫. 社会理论的政治分化 [M]. 上海:上海三联书店,2005:353.
③ [法] P. 布尔迪厄. 国家精英——名牌大学与群体精神 [M]. 杨亚平,译. 北京:商务印书馆,2005:204.
④ [美] 迈克尔·沃尔泽. 正义诸领域:为多元主义与平等一辩 [M]. 褚松燕,译. 南京:译林出版社,2002:12.
⑤ [美] 约翰·罗尔斯. 正义论 [M]. 何怀宏,等译. 北京:中国社会科学出版社,1988:92—93.

一部分人可以接受优质的教育而另一部分人不能享用优质的教育资源。但是，这针对的仅仅是总体性的制度安排，一旦学生被分配到某个特定的学校，学校过程的正义问题就变得更为复杂和敏感。① 首先，班干部在资源分配上占有优势。学校过程对学生未来的生活机会的影响主要是通过学校本身所拥有的各种资源来实现的，包括教师、课堂教学、课程，以及各种奖励、学生职位，而这些资源一般通过教师进行分配，他们依据学生的表现进行分配，班干部无疑会在这一过程中占据优势。其次，在班级位置上，班干部处于班级正式结构的顶层。担任班干部的是班级中的少部分学生，大部分学生只是"群众角色"，学生则在小学二年级就开始产生"地位分等""上下级""权力大小"的观念，并首次体验到组织内的地位差异。② 这种地位的"分等"、人群的"优劣"，乃至学校中发生的各种恶性事件，折射出的实际上就是学校"再生产"的功能。假如学校不能回归平等或者正义，那么，学校可能真的就会成为布尔迪厄所说"最有效地使既存的社会模式永久化的手段"。③

（二）班干部权力"异化"的根源

班干部权力的上述困境，与其说它反映了制度设计的缺陷，毋宁说折射了一种在地位、身份、规则、权力等因素的复杂交错中，学校不得不重新确认与家庭、与社会之间关系的社会文化语境。我们认为，其原因根源于当代中国市场社会、学校过程、教师角色和家庭需求。

1. 市场社会及其"物品可售"

改革开放以来，我国社会发展的重心逐步转向经济领域，并在较短的时间内完成了从计划经济向市场经济的转型。④ 市场经济的扩展改变的不仅仅是经济的结构，人们的价值观念和态度也发生了极大的改变，个人特殊利益和

---

① 程亮. 何种正义？谁之责任？——现代学校过程的正当性探寻［J］. 教育发展研究，2015（2）：6—13.
② 吴康宁. 教育社会学［M］. 北京：人民教育出版社，2014：296—297.
③ 银平均. 布迪厄的实践理论：从理论综合到经验研究［J］. 思想战线，2004（6）：66—69.
④ ［英］罗纳德·哈里·科斯，王宁. 变革中国：市场经济的中国之路［M］. 徐尧，李哲民，译. 北京：中信出版社，2013：6.

特殊价值观念开始得到充分张扬，人们也从过去论阶级、看出身的政治思维中解放出来，转向追求个体利益和利润的市场行为。所谓市场行为，是指所有的个体行为者都可以对物品进行选择和交换，其结果即交织汇集成各种市场现象，按照经济学经典的竞争性理论假设，市场通过价格对各种冲突性需求进行调节，无论在怎样的经济体制中，都可以假定企业与其他市场参与者进行交换以实现其目标。① 也就是说，在多元利益和多元价值并存的市场社会中，个体可以通过讨价还价获得尽可能满意的物品。如上所述，改革开放时代愈来愈突出的市场化倾向，如同毛细血管般渗透到市场领域之外的社会各个角落，使得社会中所有物品包括经济、文化、符号和社会资本都具有了商品性质。既然所有物品都可以"买得到"，那么只需要与其他市场参与者进行讨价还价便可购得满意的物品，而不用关注物品的性质，也不需要考虑物品的分配目的。

然而，市场社会的分配原则在学校中是否正当呢？在沃尔泽看来，教育中的物品的分配原则应该与社会政治、经济领域中物品的分配原则有所区别："在学校中，教学职位、学生位子、学校的当局、打分和升级、不同种类和层次的知识——所有这些都得进行分配，而其分配模式不能简单地照搬经济和政治秩序的模式，因为所争论的是不同的物品。"② 可是，现实的状况是，由于经济逻辑的介入，人们并没有及时意识到，或者即便意识到了但却由于各种原因避开学校中社会物品的特殊性，而是把学校教育视为与经济社会无异的投资。一方面，班干部似乎被贴上了"可售性"的标签，由此引发了学校"边界"之外一些力量的"争夺"，导致作为一种教育资源的"班干部"及其意义建构由于这种边界的模糊，在学校教育中的特殊意义随之淡化；另一方面，由于网络媒体的冲击，大众对发生在中小学校中的权力关系及其运用多有置喙，特别是媒体有关"班干部制度造就权力奴隶""小学生恋官""小学

---

① ［美］詹姆斯·G. 马奇，［挪］约翰·P. 奥尔森. 重新发现制度：政治的组织基础［M］. 张伟，译. 北京：生活·读书·新知三联书店，2011：8.
② ［美］迈克尔·沃尔泽. 正义诸领域：为多元主义与平等一辩［M］. 褚松燕，译. 南京：译林出版社，2002：262.

生遭班干部勒索,被逼吃屎喝尿"等事件的报道,更是刺激了公众的神经。这一点对班干部制度的冲击是巨大的。因此,学校与其他机构之间边界的模糊,不仅使学校过程正义难以维持,更大的危险在于,假如总是用学校以外的逻辑或思维思考教育的发展——主流意识形态、培养劳动力、就业,那么学校将面临"去根化"的危险。

2. 学校过程及其"结构复制"

学校教育对儿童的成长具有重要的意义。杜威(Dewey,J.)认为,学校是社会生活的一种形式,学校教育必须呈现现在的生活,但这种生活是现实社会生活的简化,是一种雏形的状态。[1] 这里关注的是学校教育的一个根本性的问题——为儿童提供怎样的成长环境的问题。处于经济转型期的中国,在区域和地区之间经济差距逐渐拉大、社会结构不断分化的背景下,社会阶层之间日益固化或者定型化,贫富差距有两极分化之势,而且,这种阶层结构也正在通过学校教育等社会机制在年轻一代那里得到复制。[2] 这不仅是我们凭经验即可感知到的事实,而且已为许多研究所表明。鲍尔斯(Bowles,S.)和金蒂斯(Gintis,H.)就认为,美国不平等的根源应当在阶级结构中,在性别和种族的权力关系体制中去寻找,学校系统不过是有助于这种特权机构永远存在下去的若干机构之一,学校教育中的阶级、性别和种族偏见并不产生整个社会的特权结构,而只是整个社会特权结构的反映。[3] 布尔迪厄也认为,学校是通过文化再生产来实现社会再生产,因为学校所支配的文化资本可以在不同程度上,在不同阶段中通过社会和社会中的阶级来获得。[4] 显然,与已经确定的社会基本结构相比,学校教育处于"附属性"的位置。这意味

---

[1] 华东师范大学教育系,杭州大学教育系. 现代西方资产阶级教育思想流派论著选[M]. 北京:人民教育出版社,1981:6.

[2] 孙立平. 重建社会:转型社会的秩序再造[M]. 北京:社会科学文献出版社,2009:250.

[3] [美] S. 鲍尔斯,H. 金蒂斯. 美国:经济生活与教育改革[M]. 王佩雄,等译. 上海:上海教育出版社,1980:128.

[4] [法] 布尔迪厄. 文化资本与社会炼金术[M]. 包亚明,译. 上海:上海人民出版社,1997:195-196.

着，学校过程本身是不平等的。如果学校教育不能回归平等或正义，那么学校则充当了家庭与社会之间冲突的润滑剂，其功能是缓和因家庭背景造成的日益拉大的社会分层之间的冲突；如果学校教育能对这些系统或结构因素具有敏感性和反思力，那么通过学校教育就有可能缩小来自不同阶层的孩子在未来生活前景方面的差距，从而促进社会公平。近年来国家不断从政策层面强调教育公平是社会公平的基石，显然就是针对这种社会事实的举措。十八届五中全会提出"注重机会公平"，实际上是在促进教育公平上的一个重要进展。

然而，是不是注重机会平等就意味着学生在学校教育过程中可以得到同等的发展？当我们尝试厘清国家基础教育目的时，学校教育过程的公平问题就开始涌现出来了。有论者认为，学校教育目的无论是从对人的总体规格上还是从具体素质结构上，都体现出一种精英主义的价值取向，"（16年来）国家基础教育目的总的来说是要将青少年儿童培养成为政治上稳健、经济科技上有能力、文化上能够有较强的传统民族认同的精英人才，至少是要为他们未来成为这种精英人才打下坚实基础"①。尽管这种制度设计对于经济社会发展具有较强的针对性和现实性，但由此造成的结果就是"精英主义价值导向贯穿在我国学校教育生活中的方方面面，成为我国学校教育的'灵魂'，每一个青少年儿童都是在这种'灵魂'支配的社会生活空间中度过了他们人生中每一个不可再返的珍贵时期"②。在此意义上，班干部的产生就是管理精英的早期预演，只有符合条件的学生才能当上班干部，而这些条件实际上与学生并无太大关系，而是与他们的家庭背景有着密不可分的关系。而作为一种排他性的资源，"班干部"头衔就会通过通常看起来是一个自然过程而实际上是不可思议的社会炼金术而转换成许多别的资源。

3. 教师角色及其"责任冲突"

教师在班级中至少扮演着三种类型的角色，这三类角色分别是不同维度

---

① 石中英. 教育哲学的责任与追求［M］. 合肥：安徽教育出版社，2007：342.
② 杨颖东. 失衡与反拨——我国学校教育价值取向的偏差反思和调整［D］. 上海：华东师范大学，2014：135.

下"师—生"关系的反映：在行政关系上，教师是班级组织的"管理者"；在专业关系上，教师是知识的"专业者"；在道德关系上，教师是学生的"关爱者"。具体来说，首先，学校管理具有韦伯（Weber, M.）所谓的科层制特征，校长位于这种结构的顶端，教师处于底部，为了确保学校日常工作的开展，教师需要听从校长的安排并根据校长的意见进行班级管理，尤其是在班主任"一长制"的今天，这种管理者的角色是根本性的。其次，教师是学科知识和专业知识的"权威"，在课堂教学过程中可以根据学科专业的逻辑自主地开展教学，而不受政治、经济等外在环境的限制，也可以抵制来自校长或其他权力主体的束缚。再次，在班级群体中，教师又是学生眼中的"年长者"，他们应该转换权威和专业的角色，倾注更多的情感在学生身上，热爱尊重每一位学生，公平对待每一位学生，关心爱护每一位学生。在所有有关教师角色及其相应责任中，对学生的责任位列首位。① 但是，在教师的具体实践中，以学生利益为核心的各种外部问责，使得教师不得不将更多的精力集中于满足达标与规定要求上，而以一种负责的方式回应学生的需要变得越来越困难。②

由于教师承担的责任与他们所扮演的角色密切相关，扮演的角色越多，其责任也就越重，因此这种多样性会要求教师向不同主体负责，这就不可避免地会引发责任冲突。譬如，校长可能更关注学生的学习成绩，家长总是期待教师给自己孩子更多的关注，学生则希望少一些家庭作业等。而且，即便没有外部力量的掣肘，教师也可能因角色之间边界的模糊而误用或者逃避相关的责任。与一般教师相比，班主任可能是集诸多冲突角色于一身的典型，他们是班级的第一责任人，是班级事务的"包办者"，班级中一切事务均由班主任负责。这种"包办制"的泛滥，在很大程度上与教师没有恰当划定不同

---

① Fischman, W., Di Bara, J. A., Gardner, H. Creating Good Education Against the Odds [J]. Cambridge Journal of Education, 2006, 36 (3): 383—389.

② Webb, R., Vulliamy, G., Hamalaninen, S., Sarja, A., Kimonen, E., Nevalainen, R. A Comparative Analysis of Primary Teacher Professionalism in England and Finland [J]. Comparative Education, 2004, 40 (1): 83—107.

角色之间的边界有关。就班干部而言，倘若将班干部视为一种资源，那么，从行政关系出发，教师有权力选择选拔班干部的方式，但班干部的条件必须是从工作胜任性上考虑。然而在确定选择谁当班干部的时候，班主任则可能会从人际关系出发，选择"听话的"，或是"家长打过招呼的"，抑或是"同事的子女"来当班干部；而当班干部表现出格时，又有可能因为是班干部的原因而多了几分宽容与原谅。因此，那些批评班干部是"汉奸""告密者"的言论，多是对班主任与班干部人际关系维度的批评，而并非针对行政关系的维度。那些认为班干部是"官"的观点，针对的则是学校行政关系在班级内的延伸。

4. 家庭理性及其"自然需求"

学生教育获得的过程是家庭理性选择的过程。而且，随着经济社会发展进程的不断加快，家庭背景与教育获得之间的联系也会越来越紧密。[1] 特别是市场经济到来之后，公众及其子女对教育的需求更加多样，也更加实际，诸如"不能让孩子输在起跑线上""上最好的学校""助选班干部"等，其背后无不是家庭力量的参与。家庭在学生获得教育资源中的作用，就是如布尔迪厄所说的："除了学校实施的再生产活动依赖于家庭对文化资本的传递之外，家庭本身还继续将其自身经济相对独立的逻辑用来为资产的积累与传递服务，因为这个逻辑能够使家庭将其每个成员持有的资本并合起来。"[2] 事实上，在当代中国的学校教育中，无论如何都无法完全避开家庭对学校的参与，因为当前中国的教育是建立在竞争社会的假象上的，把人的价值以及角逐利益或地位的功能作为培养人的首要特征，接受教育就是为了获得个体的成功和优越的社会地位及财富，学校教育所做的就是教给人在竞争中取得成功的资本，竞争的教育允诺人的是地位、权力和财富，教导人的是捷足先登、占据有利

---

[1] Zhou, X., Moen, P., Tuma, N. B. Educational Stratification in Urban China: 1949—94 [J]. Sociology of Education, 1998, 71 (3): 199—222.

[2] [法] P. 布尔迪厄. 国家精英——名牌大学与群体精神 [M]. 杨亚平, 译. 北京：商务印书馆, 2005: 508.

地位的竞争资本。① 因此，父母为确保子女在学校以及进入社会之后的竞争力，就必须对子女在学校过程中的利益（及其最大化实现）采取行动。我们认为，这种诉求和行动是"自然的需求"，它源于父母与子女之间的亲密关系，这在"地位下降回避假说"和"学历下降回避假说"理论中表现得尤为明显——父母倾向于选择让子女具有与父辈阶层地位相当或更高的教育，以规避子女阶层地位的下降；父母也倾向于选择让子女的学历相当于或高于自己，以防止和回避子女学历的下降。② 无论这两种假说在多大程度上适合中国国情，单就这一假设的提问就可以反映一种普遍的文化心理。因此，一定程度上讲，与其说这是一场"主动争夺战"，毋宁说是一种"迫不得已的选择"。

但是这种语境下家庭的"理性竞争"，俨然使学校教育进入"拼爹"时代，似乎是谁的家庭背景好，谁就在学校教育过程中占据优势；谁的父母地位高，谁就有可能获得更多的荣誉和机会。这样的话，在班级职位的分配中，能不能当选班干部就看父母是不是与班主任建立了利益关系，或者谁的父母更"有本事"；能否得到班级同学的选票，就看是不是父母给了大家好处。显然，这绝不是教育常识中的教育公平，因为它不仅裹挟着一些危险的价值观进入学校，更是带有"反智主义"的特征，一旦这种价值观进入学校，毁坏的不仅仅是班干部的个体利益，最终也会腐蚀公共利益乃至学校作为教育机构的根本立场。

四、回归"教育"立场的班干部权力

回到本章案例，人们之所以对发生在学生班干部身上的所谓权力现象如此警惕，其实在很大程度上是由于人们对学校的集体记忆和对学校作为一个"培养人"的机构的价值判断，人们从内心希望留住学校这最后一片"净土"。

---

① 金生鈜. 教育正义：教育制度建构的奠基性价值 [J]. 陕西师范大学学报（哲学社会科学版），2011（2）：157—164.
② 侯利明. 地位下降回避还是学历下降回避——教育不平等生成机制再探讨（1978—2006）[J]. 社会学研究，2015（2）：192—213.

或许人们会对于出现在社会领域中的利益争夺和权力游戏"视而不见",但是无论如何不能容忍这种现象在学校中发生。哪怕是一个没有"受过教育的人",他/她也不会否认"教育性"在学校教育中的价值和意义。然而,正如以上所分析,市场逻辑和家庭理性竞争的因素已经开始渗透,如果学校和教师再不设立一道"防护墙"加以防护的话,那么教育资源分配差异、学生之间位置的分层等问题就会因为这道防护墙的坍塌而产生恶果,这对学校教育的冲击将是根本的。故而,在无法回避"市场社会"的今天,如何从学校过程本身优化班干部制度,为班干部"正名"并赋予其名副其实的意义,才是教育的智慧。

(一)坚守学校环境的"封闭性"

学校是以促进人的全面发展为根本目的的机构,教育性是其要坚持的首要价值。由于各方主体都对学校有利益诉求,因此,在学校层面应该保持相对的封闭性,并坚守学校的教育立场。首先,儿童的健康成长要求学校保持一定的封闭性。阿伦特极为重视学校的"封闭性"特性,她强调,儿童不受干扰地成长,本质上需要一个封闭环境。在她看来,家庭是孩子的传统场所,儿童在家庭这个私密的环境中,免受世界公共部分的侵犯,生命才得以延续。生活如果被持续地暴露给世界,就会失去隐私和安全的保护,生命的特质就丧失了。但是,人们却在企图人为地创造一个儿童世界,就连学校也试图建立一个儿童世界,让儿童的同龄伙伴过一种公共生活,过早地把自己暴露在公共存在的光天化日之下。虽然名曰为孩子服务,但实际上却把儿童暴露在最成人化的世界里。[1] 其次,学校维护自身的相对独立性和自治性也需要一个封闭的环境。在沃尔泽看来,学校应该是一种带有或多或少"封闭性"的共同体,这种封闭性使得学校可以对外部的各种社会力量保持适当的距离。学校、教师和思想创造并填充了一个中介空间,成年人的世界由一群教师代表,成年人世界的知识、传统以及仪式都是由教师解说的,而这群教师是在一种

---

[1] [美]汉娜·阿伦特. 过去与未来之间 [M]. 王寅丽,张立立,译. 南京:译林出版社,2012:174-175.

或多或少封闭性的共同体中面对他们的学生的。[①] 这样，教师就可以免受外界压力的影响，他们只需要把同样的真理向所有学生传授，尽他们所能回答学生提出的问题，而不用考虑学生们的社会出身。这就一定程度上坚守了学校的过程正义，因为教育机会平等是探讨教育公平问题的前提，止步于基本的入学机会平等，不关注学校教育过程，或者对结果上的实质平等或公平缺乏基本的追求，那么教育正义也无法实现。从这个意义上讲，如果学校能够坚守住"封闭性"这个屏障，所有学生就越有可能得到平等对待。而发生在班干部制度上的所谓"买官风""助选风"就不可能刮进学校。

（二）坚定教师引导的专业责任

教师是学校封闭性的守护者。[②] 学校过程正义究竟能在多大程度上实现，在很大程度上依赖于教师。一方面，教师要能够"抵制"来自外部的压力。这种压力可能来自社会，也可能来自学校和家庭。用布尔迪厄的话说，这是一种体制化关系的网络，特定的行动者占有的社会资本的数量，依靠的就是这种可以有效加以运用的网络规模的大小。[③] 儿童来自不同的家庭背景，他们虽不能决定自己的家庭出身，但在进入学校之前已经内化了其所属阶层的观念和行为方式，即布尔迪厄所谓的"惯习"概念，并且多多少少带着不同的文化资本或社会资本进入学校，而这些资本将会影响他们今后在学校中会处于相对优势的处境或是不利的处境。倘若学校无法保证学生在学校过程中得到相对平等的教育机会，那么学校的过程公平就难以实现，而作为整体的公平也就不可能实现。另一方面，对教师尤其是班主任而言，要坚持物品的多样化分配。沃尔泽的复合平等理论认为，不同的善物可以根据其社会意义在人们之间进行不同的分配，分配应满足以下标准："任何一种社会善 X 都不能

---

① ［美］迈克尔·沃尔泽. 正义诸领域：为多元主义与平等一辩［M］. 褚松燕, 译. 南京：译林出版社, 2002：263.
② ［美］迈克尔·沃尔泽. 正义诸领域：为多元主义与平等一辩［M］. 褚松燕, 译. 南京：译林出版社, 2002：271.
③ ［法］布尔迪厄. 文化资本与社会炼金术［M］. 包亚明, 译. 上海：上海人民出版社, 1997：202.

这样分配：拥有社会善 Y 的人不能仅仅因为他拥有 Y 而不顾 X 的社会意义占有 X。"① 也就是说，一种物品的获得不应该成为另一种物品获得的前提，获得奖助学金不应该以学生的学习成绩为前提，同样，获得了奖助学金也不应该成为获得"优秀毕业生"的前提。但是在学校过程中，往往存在着一个单一的能够控制所有物品分配的原则或标准，譬如，学习成绩优异可以获得班干部的职位，而担任班干部不仅可以优先获得"优秀学生"称号，还可以获得"三好学生"乃至更多的荣誉称号。无论如何，在学校过程中，我们并非要求所有学生在所有物品的获取上都有同等的机会，而是强调要根据物品的社会意义审慎地确定多元的分配原则，从而避免具有不同社会意义的善物在分配上的相互支配和僭越，真正将学校过程建基在正当性原则之上。②

(三) 坚持班干部工作的教育性

无论是基于胜任原则选择管理能力强的人当班干部，还是参照学生学业成绩分配给成绩好的学生，抑或是将班干部视为一种资源而由学校边界之外的力量争夺而取得，它们都构成了班干部意义建构的形式。同时，这也就意味着班干部意义建构的方式是多样的，相应的班干部的分配原则也应该是多样化的。沃尔泽反对单一的分配方式，他认为从来不存在一个适用于所有分配的单一标准或一套相互联系的标准，每种物品都有它的位置，都与许多别的标准不那么和谐地共存。③ 然而，这并不意味着所有的分配原则在学校过程中都是正当的。赫斯特（Hirst，P. H.）、彼得斯（Peters，R. S.）认为："'教育的理由'（educational reason）与优良品德的发展必然有关。"④ 假如这一理念是合理的，那么学校过程中各种资源的重要性首先在于它的教育意义，

---

① [美] 迈克尔·沃尔泽. 正义诸领域：为多元主义与平等一辩 [M]. 褚松燕，译. 南京：译林出版社，2002：24.

② 程亮. 何种正义？谁之责任？——现代学校过程的正当性探寻 [J]. 教育发展研究，2015 (2)：6—13.

③ [美] 迈克尔·沃尔泽. 正义诸领域：为多元主义与平等一辩 [M]. 褚松燕，译. 南京：译林出版社，2002：2—3.

④ [英] Paul H. Hirst, R. S. Peters. 教育的逻辑 [M]. 刘贵杰，译. 台北：五南图书出版公司，1994：27.

判断某种资源是否重要或者有多重要,重要标准就在于其是否有助于学生获得优良品德或者能够多大程度上促进学生获得这些优良品德。显然,班干部的意义建构及其筛选、分配和任用过程都应该在根本上以坚持教育性为首要原则,因为班干部的岗位不仅是学校管理工作在班级层面落实的抓手,更是众多学生由以获得公共生活经验和提升团队工作能力、确立公共服务态度的借力处。学生在学校接受班干部培养和训练,是学校组织运行的要求,更是学生个体成长的需要。正因如此,那种认为应该取消班干部制度的观点多少显得有些武断,而究竟这是一种不良资产还是被误用的资源,关键还在于如何在学校管理的伦理实践和决策中予以慎重的考量和持续的调整。

第七章　学校管理中的程序正义

案例：

疑似欺凌事件的处理

　　2016年12月8日，北京市中关村第二小学一位家长在网上发文称，孩子遭到同学的"霸凌"，事后出现失眠、厌食、恐惧上学等症状，被医院诊断为"急性应激反应"。这位母亲之后在与学校的沟通中未能达成一致。据她说，11月某日，四年级的明明在学校被两名同班同学亮亮和军军将沾有尿液等排泄物的垃圾筐扣到头上，然后被他们嘲笑。事发后，明明哭着自我清理，却未向老师报告。文中提及，明明从三年级开始就被同学"骂侮辱性外号"。她向学校及海淀区教委反映此事，恶作剧的两个孩子供认不讳，校领导则以"保护三个孩子"为由，劝其放弃关于处理施暴孩子的全部诉求。更令她恼怒的是，班主任定性此事为"就是开了一个过分的玩笑"，并且在孩子出现应激反应并且未征求明明同意的情况下让他频繁与亮亮、军军等同学互动，拍下看起来"和谐"的照片发布到班级群里。当天放学后，明明便向父母提出了自己不愿再上学的想法。随着网络舆论不断升级，学校表示事发后"一直在做相关家长工作"。调解过程中，明明的家长坚持要求学校认定亮亮、军军的行为是校园欺凌行为并记录在案，但对方家长并不认可此事是校园欺凌行为甚至施暴行为，双方始终未能达成共识。学校最终认为，明明和亮亮、军军属于正常的同学关系，课上、课下互动交往正常，有互相起外号的现象但没有明显的矛盾冲突，故上述事件只是"偶发事件"，尚不足以认定亮亮和军军的行为已经构成校园"欺凌"或"暴力"。①

在学校管理的过程中,正当程序(due process)构成学校管理的重要原则。这项原则旨在尊重人的基本自由或权利,确保那些利益受到直接影响的学校成员获得基本的公正对待,由此维护他们的尊严。程序正义(procedural justice)的实现,意味着当事者作为道德主体的价值受到了应得的尊重。具体而言,学校管理通常包含三类程序:一是对资源或善物的分配程序,包括班级位子、学校设施或设备、学生职位、奖励或资助等;二是关系意义上的民主协商程序;三是对教师或学生发生的伤害或过错行为的处置程序。上述案例主要涉及后两类程序,同时还需要诉诸对学生过错行为予以定性的专业判断程序,学校与双方家长之间的冲突和争议也在于此。我们对学校管理程序的正当性评价主要涉及学校在事发后是否及时采取多方调查和求证、组织不同利益主体协商、开启法律申诉渠道以及合理判定过错行为、惩罚肇事者、赔偿受害者等一系列行动和决定。这些管理程序既要通过法定化、中立化的规则来明确,也需经由相关主体平等、公开的参与和交往关系来实现。确保学校管理的程序正义,有助于限制学校(行政)权力的恣意和专断,保障未成年人的基本权益不受侵害,在此基础上维护和发展学校教育的道德目的。鉴于此,本章将以学校应对学生冲突事件为例,对学校中涉及学生权益的管理程序的正当性问题进行探讨。

一、事实认定的程序

程序的正当性体现了程序的"内在道德",即程序有其自身的正义准则和道德评价内涵。这与伦理学上的义务论紧密相关,伦理的要求并不仅仅意味着良好结果的实现,更重要的是在追求这项结果的过程中是否遵循了必要的

---

① 案例整理自网络新闻。

义务，因为一个追求结果但抵制义务的行为人很难说具有良好的动机。① 内嵌于程序之中的价值，以普遍的人性为基础，致力于维护当事人作为人的尊严，使其真正成为积极参与澄清事实、承担责任、主动影响决策结果的道德主体，从而真正享有能够自主地决定个人命运的选择机会。② 在这个意义上，"程序"作为实现合理的道德决策的过程，其本身也成为伦理学视域里的道德评价和反思的对象。这并不是说程序是孤立于目的的存在（它事实上总是和所要达到的目的联系在一起的），而是说目的可以分为内外两面（外显的结果和内隐的原则），并且目的需要由道德上可以普遍接受的方式来实现、由过程的合法性和合理性来保证。在案例中，解决学校领导和教师、受害学生家长以及肇事学生家长之间争端的关键因素就是事实认定的程序，包括如何判定学生所认为的"玩笑"行为的边界、评价过失行为的严重性，以及如何看待肇事学生行为的动机和结果。

学校要对学生冲突事件做出合理的决策，首先必须明确公开事实真相，这无疑需要经过充分的调查和多方的证实。学校根据楼道监控确认了事件中的当事学生人数和时间节点，事件的经过则来源于三名学生的口述。从学校提供的转述内容来看，当事学生仅仅对一系列动作做了客观描述，受害学生在事发前后的处境和感受被隐去了。从教师回忆当事学生以往表现及其互动行为的情况来看，事发前没有觉察出"明显"的矛盾或冲突迹象，学校就此断定学生平日的交往处于"正常"状态，对事发后双方学生的言行及其心理变化的持续观察或干预的情况又被隐去了。对事实的基本认同是各方进行辩护、对话和协商的基础，但面对持有不同经验事实和价值立场的家长，学校一方面保留了对事实与后果的争议，另一方面又一直未能开启有助于后续澄清事实的发声渠道，更没有创造一个有效进行伦理对话的渠道和环境。如同确认一个司法判决的结果取决于不同主体对支撑事实的信息和证据的公开承认和共同接受，校内事件的道德判断同样需要一个使事件结论得以成立的理

---

① 张闯，刘福元. 程序性正当程序的悖论与重构［J］. 社会科学辑刊，2009（5）：70－73.
② 曹刚. 道德难题与程序正义［M］. 北京：北京大学出版社，2011：237－238.

性沟通程序，以此来保证信息的来源和处理、证据的提出和辩护是合法化、多样化、公开化的，这样才有可能免于权力关系所带来的强制和因情绪或利益所致的偏私、偏信。

其次，由家长出面与教师、学校进行交涉，受到"保护"的双方学生好像自然无须参与。这样的处理方式，虽然可以避免儿童过早接触成人化的利益纷争，维持儿童之间单纯的或自发的交往状态，但也存在一些问题。学校领导层试图通过行使自主管理权压服坚持申诉的受害学生家长，而没有认真考虑其诉求的正当性，也没有公开、正面地回应关于当事学生后续发展的指导方案。此外，学校人员将事件起因解释成"淘气"和"玩笑"并急于强求学生的和解，受害学生的同意配合和双方关系的迅速改善似乎更多地来自教师的一厢情愿和学校方面的压力，其效果只能流于表面。从程序的执行来看，不仅没有尊重当事学生表达意愿和观点的权利，而且不合理地排除了他们作出辩护和反省的可能，在程序的结果上也限制了学生作为道德主体的选择、行动和承担责任的能力。

再次，学校始终没有对肇事学生的过错行为予以准确定性，进而也没有考虑当事双方的"应得"内容，包括法定权利（如基本人权、学生权利）和主体的需要或利益。该学生在动机上有无明显恶意，这不易确证；因其一时兴起或冲动行事、突破行为边界所导致的后果，则是无可否认的。实际上，即便肇事学生的行为因其年龄小而情有可原，也不代表可以豁免其行为的道德责任，更不代表学校可以借此淡化或推卸其在教育、管理乃至惩戒方面的专业职责。在判断该行为的错误性质和责任轻重时，学校必须将受害学生当时的心理体验和事后心理状态的变化纳入考虑。同时，为使双方学生重新认识和接纳彼此、回归班级和面对其他同学，学校有必要指导他们尝试进行平等的对话，以协商者的角色做出事后反思或予以理智接纳，再将这一过程及其结果作为重要的考量要素，纳入与双方家庭共同建立的决策程序中，综合考虑以采取合适的惩罚或补偿。除了在管理上主持正义，学校还必须担负起引导学生建立以不伤害他人为边界、尊重他人的权利和意愿的交往规则，培养学生同情或移情、善意关心他人的能力以及承担自己行为后果的责任感。

尽管事发后，中关村二小回应称："学校一直在积极努力协调，客观、公正地处理几方家长间的相关诉求和矛盾纠纷。"这份声明表示，网络舆论的内容存在不实，学校将"通过法律途径维护学生及学校声誉，并保留追究相关主体责任的权利"。校方还呼吁："从保护未成年人健康成长、维护学校正常教育秩序的角度出发，让教育问题回归校园进行处理。"不过，该声明没有提供学校对该事件进行事实调查和行为认定的依据、关于学校如何"客观、公正地处理"和协商解决的过程说明。在面临信任危机的情况下，所谓"让教育问题回归校园进行处理"的说法，未能取信于众。

二、民主协商的程序

　　案例中，学校不仅对事件本身缺少多方确证，而且与家长沟通存在不及时、不平等、不透明的情况，更没有及时提供有效的申诉渠道，以允许当事学生和家长去表达和申辩。此外，在对事件性质缺乏专业判断的情况下，没有如实告知家长学校的一系列举动，这也忽视了家长的知情权。双方家长作为监护人，都出于维护自己孩子的权益和声誉，在当事人的行为是否应该被认定为"欺凌"的问题上产生分歧。从各自的立场来看，每一方的利益表达都有合理性，也存在不当和疑义。对受害学生家长而言，肇事学生及其家长必须为其行为负责，学校则有责任主持正义并且落实一系列针对"实施欺凌和暴力的学生"的惩罚的诉求。换言之，这种正义的诉求正是通过对肇事学生的惩罚加以体现的。但是，面对受害学生家长提出惩罚欺凌者的相关主张，对方家长和学校领导都表示不能接受。肇事学生及其家长与学校领导反对惩罚的理由显然不同，前者出于过罚不相称或名誉受损造成的不公平感和对惩罚本身的畏惧心，后者基于教育决策的谨慎和对学生权益、学校声誉或利益等多方面的忧虑。

　　学校从最初含糊其词、态度不明到最终判定不构成"欺凌"的整个协调过程中，充当了三重角色：一是作为负责教育和监管的权力主体。在对学生身心的健全发展和学生受教育权利的充分实现的希冀上，学校与家长的初衷是一致的。学校声称其本着保护每个（尤其是受到伤害的）未成年人的合法权益的原则，在协调中力争取得多方认可的结果。学校权力具有公共性质，它的权力实践必须指向和维护教育过程中的公共利益。但由于权力关系反映相对地位的差异，学校权力的行使可能对学生的受教育权、隐私权和救济权构成压制或侵犯，比如学校最初选择与受害学生的家长进行私下交涉，但这一过程不是双方开诚布公的平等协商和理性决策，而是学校有目的、有计划的劝服策略的实施，凸显出一个权威者的姿态。在学校所声称的管理权威和专业权威之下，受害学生（家长）表达意见、为其利益辩护的机会实质上没有得到充分重视和相应兑现。二是作为利益相关者或利益主体。尽管学校总是肩负着实现公共利益的使命，许多时候却面临着学生个人利益及其与学校整体利益之间的矛盾。在校园欺凌事件中，学校所处道德（法律）情境中的利益关系更加复杂——既有相互对立的双方学生及其家庭之间的利益冲突，又有双方家长与学校之间的利益纠葛。比如，案例中受害学生的家长因学校在缺少证据的情况下有意忽视其合法诉求并要求其放弃申诉权，于是求助上级教育部门并在网络上发文声讨此事，引发社会公众对学校的普遍质疑，学校则指责家长的做法给学校声誉造成负面影响，也未配合上级处理问题，导致整个事件在程序上出现紊乱和停滞。三是作为双方家庭之间的调停者和裁决者。为了不扩大事态，学校没有选择将事件上报至第三方部门（由政府教育部门官员、学校领导、教师代表、家长代表、社会专业人士代表共同组成的学生事务中心）、协助调查和澄清事实真相，也没有对学校自身的道德立场和处理意见提供可信服的解释，或提出能够切实维护正义的处理措施和补偿办法。虽然学校试图充当中立的程序主持者，并且学校担任这一角色的资格认定已隐含在其自主管理权内，但由于它无法自外于该程序结果及其给学校方面带来的负面影响，加之学校与肇事者家庭之间存在利益方面的关联性（如声誉和前途），而对于将情况上报教委的受害者家庭则颇有微词。在缺乏权力制约的情况下，面对这样的三方关系，学校其实难以保证自身的无偏私性，事实上也未能促进整个对话超越名词之争、达成相互理解和有效共识。

无论双方家长对协商的结果是否认同、最终能否达成一致，学校都应当以中立的态度，给予他们充分的机会和空间，使其清楚了解对方的诉求，并从实施教育的专业角色出发，对双方说法能否反映当事儿童的需要、符合当事学生和学校（班级）其他学生的利益进行判断和反馈。协商作为一种民主过程，应体现广泛的包容性，保证对弱者意见的吸收，或至少更好地听取其意见，以防止学校在各方尚未就事实、立场和意愿的诠释达成基本的共同理解时，就以其利益的优先性、权力的专断性来解决问题。正如杜威所认为的那样，民主的生活方式是自由的交往、协商、合作而不是力量支配的结果。①在这个意义上，唯有通过公共的讨论和审议，才可能保障整个过程以及最终的决策方案体现出公正性。当然，绝对的公正难以实现，特别是在面临观点分歧、利益纠纷的情境下，要寻求一个令所有利益相关者都满意的方案是极为困难的。但学校作为调解方，至少应当确保各方话语、立场的相互敞开，同时，不局限于一种视角，而是综合性地考量多种伦理原则，诸如尊重或不伤害的原则、保护的原则、补偿的原则以及发展的原则，尝试调和不同利益主体所持的立场，秉持对所有当事学生都负责任的态度去促进沟通，达成最低限度的共识。换言之，民主协商的程序原则强调参与方式的包容性和协商过程的平等性，注重主体间的相互尊重和对程序性规则的服从，而并不强求任何商谈都能取得实质性的成效。

程序包含着使任何相关决定成立的依据，也存在着指引当事人在程序完成之后一系列的行为态度的契机，还保留了从外部客观评价该决定过程的可能性。其中需要注意的是，完善的程序伦理需包括形式/流程、内容、结果三个方面。正如罗尔斯所言："鉴于所有人类政治程序的不完善性，不可能存在任何相对于政治正义的纯程序，也没有任何程序能够决定其实质性的内容。"②因而我们关于一种程序是否正义的判断总是依赖于该程序之相应结果的正义。如果没有独立于程序的结果正当性的标准，就很难避免非正义的虚假共识或

---

① ［美］约翰·杜威. 杜威教育论著选［M］. 赵祥麟，王承绪，编译. 上海：华东师范大学出版社，1981：344.
② ［美］约翰·罗尔斯. 政治自由主义［M］. 万俊人，译. 南京：译林出版社，2000：457.

"多数人暴政"。在涉及惩罚的教育事件中，一方面，程序正义原则是对"以学生为本"思想的具体化表达，它本身也体现了社会生活中必不可少的"平等""公正"等基本价值观念，对参与其中的学生而言，还可以提供对话的契机、践行尊重他人权利和遵守共同规则的承诺。另一方面，与法律程序旨在维护和促进社会公正相类似，学校内部的程序是为了实现教育公正的根本诉求。"我们所能提供什么样的程序正当性，取决于我们对错误或不公平决定所可能产生的后果与有必要采取行动但却没有及时行动所产生的后果二者的权衡。"① 比如，案例中的学校在保护未成年学生的名义下迟迟无所作为，受害学生得不到应有的补偿，肇事学生却被过度庇护。学校对实施某项程序的目的缺乏反省和补救，这样的程序反而会产生不正义的结果。又如，教育部等九部门联合发布的《关于防治中小学生欺凌和暴力的指导意见》中提到："对屡教不改、多次实施欺凌和暴力的学生，应登记在案并将其表现记入学生综合素质评价，必要时转入专门学校就读。"其中的专门学校（即工读学校）是为改造有严重不良行为的未成年学生而建立的，但目前这种教育形式越来越形同虚设。因为根据《中华人民共和国预防未成年人犯罪法》确定的"三自愿"或"三同意"原则（即本人、学校及家长均同意），唯独受害人的意见没有考虑在内，本意是保护受害者免受二度伤害，而施暴者本人及其家长往往拒绝转入专门学校，导致该原则几乎成了阻碍施暴者就读专门学校的主要障碍。② 程序正义并非不证自明，一项程序本身存在不合理或不正义之处，其产生的结果将是不可靠的。在决定施暴者是否就读专门学校的问题上，保护受害者不能等同于回避双方矛盾，尊重肇事者的意愿也不能以忽视受害者的切身利益为代价。简单地采用"少数服从多数"的投票方式，实际上无法代表特定主体的愿望或迫切需求，将其反映在结果中。如果这种保护和尊重最终使受害者失去意见表达权，那么这样的程序就是不正义的。因此，学校应该

---

① ［美］肯尼斯·A. 斯特赖克，乔纳斯·F. 索尔蒂斯. 教学伦理（第四版）[M]. 洪成文，等译. 北京：教育科学出版社，2007：33—34.
② 史洪举. 让欺凌者就读专门学校应遵循程序正义 [N]. 民主与法制时报. 2017—4—25.

在为受害者做好充分的心理疏导后，鼓励其参与公开协商，使保护未成年人权益的原则真正发挥矫正或补偿作用，而不致流于形式。

三、过错行为处理的程序

学校如何处理学生的过错行为？如何对待学生的补偿需求和后续发展的要求？学校（教师）尚未清楚了解事件真相，同时在无法确定是否构成"欺凌"的情况下，采取了回避冲突的策略，甚至造成对当事学生的二次伤害。此外，学校也没有针对不同程度的问题行为或者可能的欺凌行为进行适当干预。

那么，在缺乏第三方对"欺凌"问题的专业认定时，是否实施"惩罚"或何种"惩罚"有助于实现正义？作为一种维持正义的通用手段，惩罚的施用是否可能制造新的不公正或逾越教育的原则？要回答这些问题，有必要进一步追问实施惩罚的正当理由。从有关惩罚的道德辩护中，可以区分出四种观点：第一，应得论或报应论（retributive theory）。这类观点的持有者依赖自身的道德直觉或是非感，并且相信"恶有恶报"的因果效应。由于直觉无法被客观地公断，即使在共享法律体系或习俗的团体中，诉诸直觉的主体之间对惩罚的效用和力度也存在着彼此不同的评判标准。既然如此，仅凭一种伸张正义的欲念何以能够做出道德决定并证成这种行动的正当性呢？实际上，不是所有的道德直觉都具有同等效用，未经检验和缺少阐释的直觉不足以帮助人们做出正确的是非判断或采取正当行动，因而有必要为道德直觉的来源找到更具说服力、更少争议的基础，亦即澄清构成道德直觉的规则或原则，为实施惩罚的行为本身提供充分的证据或理由以及符合政策法律、道德规范的依据。即使惩罚可以被认为是一种报复式情绪的表现，人们的确也受制于许多自然的反应，但他们更需要去抑制，而不是率性而为。"我们绝不能只求诸人们的通性，来作为道德判断的理由。况且，借着情绪来作为论证道德判断的理由，会引发错误。"① 第二，赔偿论或偿还论（compensative theory）。这种观点可看作是报应论的延伸，即不仅考虑肇事者之应得，而且考虑受害者之应得，基于两种"应得"的补偿式惩罚或许还能帮助当事双方主动缓和并重建关系。而且，"如果我们把惩罚看作是人们承担责任并偿还罪恶的一种方式，那么我们同样也能看到惩罚是将人作为一种目的而不是作为手段"。② 前述两种观点体现了回溯性的特点，即从严格的平衡者角度，寻求在惩罚与罪错之间达成一种道德平衡或通过惩恶扬善来重建道德平衡的尺度。具体而言，它关注罪罚相称或使某项惩罚适合于犯错者。接下来的两种观点则具有前瞻性，即阻止不适当行为、改造犯错者以使更多人免于重蹈覆辙，寻求在社会生活中产生某些积极的效果或者提倡以人道主义的方式来取代报复性的惩罚。③ 第三，威慑论（deterrent theory）和预防论（prevention theory）。功利主义哲学家边沁认为，对少数违法违纪者施以惩处所涉及的痛苦可以获致威慑和预防的效果。但彼得斯提醒，学校需要确认威慑性的惩罚形式是否会给受罚学生带来伤害、是否会明显阻碍违规者向新生活努力的可能。一方面，惩罚的必要性在于保障起码的行为秩序、维护校规的权威性，以便于教育工作的正常开展。另一方面，"惩罚在学校充其量只是一种必要的恶。作为威慑作用，确有必要，但其能否产生积极的教育价值实在令人怀疑"。④ 第四，改造论或感化论（reformative theory）。该观点持有者主张对违规者给予支持性的教导而不只是惩戒性的管制，以使受罚者从退步的状态回归正常的状态。较之前三者，这种观点更贴近教育的本质，也更有可能实现惩罚的教育功能。为培养受罚学生的良善动机，学校在秉公执行法规或校规时必须做好善后，

---

① Peters, R. S. Ethics and Education [M]. London: George Allen & Unwin Ltd, 1966: 270.
② [美] 肯尼斯·A. 斯特赖克，乔纳斯·F. 索尔蒂斯. 教学伦理（第四版）[M]. 洪成文，等译. 北京: 教育科学出版社，2007: 35.
③ [美] 詹姆斯·P. 斯特巴. 实践中的道德 [M]. 程炼，等译. 北京: 北京大学出版社，2006: 492—494.
④ Peters, R. S. Ethics and Education [M]. London: George Allen & Unwin Ltd, 1966: 279.

与受罚学生建立和谐信任的关系，以减轻学生内心的怨怼和疏离感。

强调"罪愈重，罚愈重"的报应论者虽然可以避免无辜者受到不应得的惩罚，但也容易因为惩罚过于严苛而陡增消极影响。反过来，力图阻止和预防过错的结果论者若为了获得杀一儆百之效而不惜扩大或加重惩罚，不仅将对无辜者有失公允，而且不利于维护整个共同体的正义。赔偿机制的引入则是一种调和，它既不像前者那样容易遭受为惩罚而惩罚的批评，又可以给受害方带来更多益处。不过，对惩罚或赔偿的最终确定，还必须依靠一种过程性的道德评价标准。首先，当事双方（潜在地）被视作有道德良知的行动者，都有选择的意愿和自由，相应地也需要为自己的行为负责。犯错者通过赔偿来弥补过失，意味着对矫正正义或补偿正义的一种实现。其次，赔偿的裁定必须遵守正当程序，由犯错者及其家庭履行道德或法律上协商一致的赔偿要求。程序正义原则是排除当事人的情绪性和任意性、确保惩罚的有效性和合理性的前提。事实上，报应论者主张的罪罚相称、结果论者对行动后果的理性权衡，都印证了程序正义的重要性。程序正义不仅可作工具主义的理解，即达成结果正义（实质正义）的现实的、外在的保证，而且其实现本身就具有尊重和保护基本人权的人道主义价值。由此，前三种观点所涉及的程序正当性的问题，可以导引我们深入检视教育惩罚应当实现的道德或伦理价值，最后一种观点则与我们进一步反思学校的教育责任和教育伦理立场有关。

这里，仍然以校园欺凌问题为背景，来考虑一项"惩罚"应当符合的原则与尺度、应当遵循的正当性要求。一些未达到判刑年龄却犯有严重法律过失的学生虽然可以免于被起诉，即不受法律惩处，但不代表他们可以同样免于任何其他形式的惩罚。鉴于对未成年人的特殊保护，传统的"重典思维"或判定"严格责任"的法律显然不合适，取而代之的是对出现不当行为并酿成一定后果的学生施以适当的教育惩罚。由于惩罚对象的特殊性、适用情境的差异性，"惩罚"的性质或功能不可一概而论。在学校生活中，惩罚是维持教育秩序的常用手段，但是惩罚未必起到制止罪错行为的作用，也不一定产生改造作用，更不一定具有教育作用，其威慑力和制止效果反而可能使学生远离真正的教育。① 与针对成年公民法律过失的司法惩罚不同,教育惩罚有一个重要前提,就是保证惩罚措施的教育性或合乎教育目的,即绝不是为了加诸学生某种道德谴责、指控和羞辱,更不能轻易剥夺或限制受罚学生应有的受教育机会,而要为其人格健全发展提供人性化的环境和充分的指导。惩罚通常被看作是一种进行社会控制的有效工具,它可能会增加学生未来受到社会排斥的风险。② 况且,学生很难同时具备明辨自身处境、预见行为后果、自愿选择其他可能性的态度和能力,这些无疑增加了教育惩罚在实践情境中的复杂性及其效果的不可预测性,同时也表明学校和家庭对学生的罪错行为负有不可推卸的责任,如关怀的缺失、指导的不当、管理的失职等。

扩大来看,学生在学校情境中难免出现过错行为,这就必然涉及对学生行为的处置方式的选择。学生违反规则会招致惩罚的后果,但其服从规则的理由往往是避免受罚而非对个人行动负责的意愿。在此情形下,任何律令式规则的强制实施不仅给个体带来心理压力,而且造成对一种德性或道德价值本身的敬重感的抑制。其实,学生违背规则行事或未按照"规定动作"来完成规则内容,这尚不足以构成批评或惩罚的依据和理由。处理违规行为时,也需要考虑更多的可能性或备选项。现在,我们再回到本章开头的案例,学校和教师在诉诸惩罚时,即使深思熟虑、经过慎重商议,也免不了存留一些伦理分歧。那么,在法律处理范围之外、学校治理范围之内违规或犯错的情形中,面对尚未构成刑事犯罪的涉事学生,作为监管主体的学校如何审慎地行使其自主管理权(比如认定学生过错、确定惩罚方式和惩罚程度的决定权或处分权),进行取证听证、定性定责以及实施惩罚,才不至于丧失公正原则或陷入以恶制恶乃至背离教育目的的困境?

---

① 黄向阳. 德育原理 [M]. 上海:华东师范大学出版社,2000:150—152.
② Peguero, A., Shekarkhar, Z. Latino/a Student Misbehavior and School Punishment [J]. Hispanic Journal of Behavioral Sciences. 2011,33(1):54—70.

四、学校管理的教育性：对程序正义的补充

正因为关涉他人或社会的利益，教育成为一个可以从道德上进行判断和评价的领域。相应地，学校就是一个讨论伦理问题、制定伦理决策以及促进伦理反省的地方。在处理存在着事实不清、规范不明、意见分歧、利益冲突的道德难题时，学校不应独断或任意地做出解释和决定，以教育权威的身份和话语压服处于弱势的受害学生家长，而必须将其管理的权威建立在程序伦理的基础上。程序维度的在场，意味着学校不能以牺牲学生的个人利益或权利为代价，单向地保护学校的名誉和集体利益。学校需要与学生之间展开非强制性的公开对话，与家庭、教育部门之间进行集体审议，通过多元主体平等参与的协商过程来达成伦理共识，同时也借由正当的程序来保护相关个体的合理利益，实现结果的正当性。更重要的是，学校制度规范向学生生活领域的渗透，主要是通过各种程序来进行的。这些程序构成了学校制度与学生生活之间的重要纽带。程序正义的意义即在于通过直接参与、充分对话、达成"合意"，使程序背后的规范和原则内化于心。在此意义上，学校有必要保障当事学生享有并且行使表达意见、参与和监督学校管理的权利，使其为行使辩解权、参加听证会做充分准备；在听取学生本人及其监护人的陈述和辩护的基础上，再对他们提出的事实、理由和证据进行认真复核。唯有以每个学生的受教育权为底线、以每个学生的自由全面发展为依归的程序正义，才更可能达成一个超越不同利益主体的立场和偏好的民主共识。

与上述案例不同，一些学校在处置学生的问题上走向了另一极端。例如，学校能否以执行校规的名义开除违纪的未成年学生？根据《义务教育法》和《未成年人保护法》的规定，未成年学生只有达到刑事处罚、收容教养等条件，才可以被学校开除甚至取消学籍。在法律干预之外，学校的做法还需接受程序伦理的检验。程序的实质是限制权力在运用中的恣意、专断和裁量，[1]

---

[1] 季卫东. 法律程序的意义 [J]. 中国社会科学. 1993（1）：83—103.

学校权力的行使（如招生、学籍管理、聘任教师、奖励、处分、颁发学业证书等）在性质上具有与行政权力类似的强制性，同时也拥有专业话语的权威性。强调学校管理和决策的正当程序，就是为了规制学校的自由裁量权、保护学生的个体权益，也是从实质上尊重学生的道德主体地位、维护作为权利之源泉的"人的尊严"。[①] 一方面，校规的来源是否符合程序正义，即校规是否经由相关主体（学生、家长、教师、校领导、法律人士等）或其代表共同协商制定，这一公共理性过程决定着最终达成的规则共识能否既合法理又合情理。另一方面，校规的执行是否符合程序正义，即对于学生违反校规后应得何种惩罚，不能在当事学生不知情或未参与的情况下判定。是否以及如何惩罚学生，这一结果的得出必须经过审慎决议，而落实学生享有的陈述权和申诉权、实行听证制度，正是其中的关键环节。可以说，在学校中强调程序正义，是为了更好地维护和实现教育目的。同时，程序正义的实现，也在尊重和保护学生基本权利的层面体现了教育伦理。

过于强调法律程序和管理效率，则可能导致学校丢失自身的教育逻辑和伦理立场。比如，案例中的学校领导和教师认为学生行为不构成"欺凌"，便无须按照相应的法律条例来处置。然而学校忽略了，即使受害学生及其家长容易对"偶然"的事实作情绪化的夸大，也并不能改变学生的身心健康受到明显伤害的事实。学校需要关注的核心问题是"伤害"的过程和后果，而不在于对"欺凌"与否的法律认定。诚然，肇事学生是否存在恶意动机、是否实施或隐瞒了经常性的恶意行为，决定了他是否将依法依规受到应得的惩罚。但该学生的行为本身及其后果都表明，其事实上存在比较严重的道德过失，即攻击、羞辱、嘲笑同学并且造成心理创伤，只是学校领导、教师和家长对此讳言。考虑到在法律上保护未成年学生，同时维护学校声誉，学校在法律正义的层面撇清了该学生、该事件与"欺凌"的关系，却也在道德正义或教育公正的层面姑息了学生侵犯其他个体人格尊严的过错。换言之，学校不恰

---

① ［美］罗纳德·德沃金. 认真对待权利［M］. 信春鹰，吴玉章，译. 北京：中国大百科全书出版社. 1998：238－240.

当地将"依法保护当事学生"和"追究肇事学生的道德责任"二者对立起来。为了尽快止息争议，学校教师对当事学生之间关系的调解和修复采取敷衍塞责的态度，尤其缺少对受害学生的心理辅导与关爱。这样看来，无论是程序正义还是结果正义方面，在法律正义或是教育的公正与关怀层面，学校的权衡都是欠妥当的。

根据政治社会领域中纯粹程序性的正义观念，程序的核心作用是制约，将相关主体行为的时间、步骤、方式、顺序限制在一定框架内，按照程序本身所设计的最大限度地公正行事。但在学校教育中，过度依赖消极的司法程序会使自身道德功能弱化，或将儿童的教育问题升格为成人社会的法律问题，从而在司法惩罚与教育责任、在正义（律法）与关怀（爱）之间进退失据。学校毕竟是不同于法律判决的教育场所，它应该也能够去调和惩罚的威慑和感化两方面的冲突，给予受罚学生善意的关怀和适当的宽恕，以此作为对理性、中立的程序正义的一种人性化的必要补充。也就是说，惩罚必须在具备道德教育意义的情况下才有正当性。[①] 譬如，一些学校勒令违纪或违法（如作弊、盗窃）的学生退学，虽然声称这是依据地方相关教育法规和学校校规处理的合法结果，但仍然不应该以歧视性的理由拒绝该学生的复学意愿。作为面向社会全体适龄未成年人开放的公共机构，学校的首要义务是保护每个学生的受教育权，相应的伦理底线就是不剥夺每个学生的受教育权。有一种意见认为，为了保护个别学生的受教育权利而损害绝大多数学生的受教育权利，将造成更严重的教育不公平。这种看法能否站得住脚呢？在排除了学校教育内含的感化、改造以及悉心引导等正向作用，并且取消了学校环境的净化责任及其对成员品行应有的塑造作用的情况下，或许将得出如此结论。但是，这无异于放弃了学校应尽的教育职责和可能的教育效果。事实上，学校需要依法平等保护每个学生的受教育权。区分"个别"与"绝大多数"，或不承认少数学生享有与其他学生同等的受教育权，就不是道德上可接受的。此外，

---

① Barker, C. Dostoevsky and Education through Punishment [J]. The Review of Politics. 2018, 80 (3): 463—486.

校规的道德意味较之一般法律更浓，惩罚违规者时，必须首先考虑校规的教育功能（发展学生自主选择、自我约束、独立承担责任的能力等）是否得到充分体现，而不是照搬法律制度的运作程序，开除学生了事。简言之，学校教育既不能一味依赖于程序，也不可能完全独立于程序或从相关程序及其带来的结果中免除自身的责任。

在学校情境中，学生个体的违规行为，通常不是直接侵犯他人利益，其申诉和所受的处罚主要关乎当事者个人的权益。而对学生交往过程中产生的伤害或欺凌情形，处理起来就会相对复杂——不仅涉及双方学生的个人权益，而且指向利益主体之间的冲突和分歧，更重要的问题在于能否超越利益之争，修复双方学生之间原本单纯的交往关系。回到开头的案例，无论肇事学生是否被认定为"欺凌者"，一旦依照校规执行程序接受通报批评和记过处分，都需要学校予以持续的关心和指导，赋予其自我反思的机会，为当事双方重拾自信、重建友谊寻找契机，以免肇事学生单方面遭到来自其他同学和家长的舆论谴责或道德指控，使其名誉权和隐私权受损、承受不必要的心理负担。这样的管理手段才能符合"以人为目的"、切近教育的初衷，法定程序也才不至于变成冷酷无情的工具。

对受害者的同情和补偿、对肇事者及其他学生的威慑、对矫正某种非正义状态的渴望，这些都可以看作是支持惩罚的外在理由，但不足以构成惩罚的内在理由。对于学生违纪或伤害他人的行为，学校管理者或教育者不能只是基于维持现时的安全秩序的考虑而处置犯错者，更要追溯学生个群之间、学生个体与集体乃至制度之间的矛盾及其心理根源，直至找到一种对惩罚的替代性的教育方案。康德认为道德源于理性能力（对普遍法则的尊重）而非同情心（经验层面的情感偏向），儿童需要学会的是用理性来主宰和克服自己的本能、欲望。在他看来，教育惩罚应基于这样的理由：当学生的行为违反了既定的规则或禁令，出于客观道德法则本身的威严和强制而非领导者或管理者个人的主观意志，使学生在受到严肃对待的过程中敬畏法则，重塑其内在的道德准则，懂得调控和约束自己。学校应当重视学生的动机问题，而不是用外在强制使其驯服。在此意义上，惩罚的功能并非简单地威慑或遏止，即产生类似条件反射的心理和行为,它还必须尽可能为我们选择采取或不采取某个行动提供道德上的理由。只有能根据道德价值来自由决定自己生活的人,才能选择不去做出错误行为。就此而言,惩罚是一种促进道德选择的方式。[①] 除了预防和恢复的作用,它还必须体现更加长远的教育目的,即激发学生作为道德主体发自内心的善良意志和自律精神,发展学生的理智自主、道德判断力以及负责任的行动能力。

从学校作为教育机构的立场而言,程序性的规则之所以必须被遵守,并不是由于规则就是规则而已。无论程序本身还是对既定程序的遵守,都非理所当然,而需要不断接受、吸纳质疑与批评的声音。可以说,这种批判性是内在于规则建构中的,尤其是当它的限定性和重复性掩盖甚至固化了鲜活而丰富的日常生活实践时,行为主体的反思和相应责任便亟待显现。如彼得斯所说:"它们可能是经过证成的根本道德原则,也可能是为了机构的特定目的,或是若缺乏这些规则,会影响机构的正常运转。"[②] 即便这些规则不是以教育目的为直接导向,也至少不应妨碍学校教育职能的实现和教育过程的展开。这些规则存在的理由应以对学生人格的尊重和学生个体的发展为坚实基础。具体而言,在实践情境中,学校管理程序的教育性质主要体现为两个方面:一是程序的价值属性和发展功能。学校管理的程序虽然由具有权威地位的师长所制定,但与一般性的法律程序相比,其道德的意味及其在道德上的约束力更强。就教育的道德目的而言,学校应更加重视学生的动机问题,即超越"严格责任"的限定,以发展良善动机为旨归,而不是对外在强制的顺服;同时,这些程序或规定不仅为确保教育过程顺畅进行而体现出遏阻和预防的作用,其教育价值在于发展学生选择的能力,使学生懂得约束自己,进而成为独立自主的人。这意味着教育者或管理者需要注意区分违规者所持的不同理由,非故意、非自愿及意外情形下的违规行为不应与有意违规者受到

---

① Hampton, J. The Moral Education Theory of Punishment [J]. Philosophy & Public Affairs. 1984, 13 (3): 208—238.

② R. S. Peters. Ethics and Education [M]. London: George Allen & Unwin Ltd, 1966: 273.

同等的惩罚。二是规则所依赖的主体特征。一方面，教师在程序执行中承担着特殊角色，兼具"立法者""法官"以及"缓刑监察官"的角色。教师必须公正地执行程序并进行善后，从而调和在行为遏阻和人格感化两方面的可能冲突。"教师比法官更有机会对违规学生真诚开放并利用多种方法对待学生。由于教师懂得很多关于违规学生的一切，他更能站在有利的地位设计各种适合学生补救的方法。"① 另一方面，任何管理程序所面对的对象（即儿童）在社会意识或道德认知的发展上存在滞后性和差异性。不同个体对自我意识和行为的控制能力水平不一，身处群体生活环境中的个体面临道德判断和选择时也容易受到同侪交往的影响，这都会给教学和管理工作带来不确定的困难。

从根本上来说，学校管理是为教育进行预备、予以辅助的不可或缺的手段，坚持程序正义的目的同样是为了有效实现教育的目的。教育是一种以人的发展为直接目的的社会活动，其本身就含有道德上的要求，并且构成了一个可以从道德上予以评价的领域。学校管理应当被视为一种意向性的道德活动和伦理生活，并且以尊重人的观念为出发点。将人视为价值、决策、选择的中心，这是实现和平衡各项程序性原则，形成一种可供人们运用实践理性并共同参与实践理性情境的先决条件，也是公共生活诞生的基础。学校中的管理者实质上也是教育者，这一角色和责任显然具有优先性。任何管理行为都不具备可以预先规划的确定性，因而也就必须视为同培养"人"的实践相一致的问题形式，以保持不断完善的开放性。

可见，受教育者生命的整全性和人性的可塑性是学校管理行动的逻辑起点。这包含两个相辅相成的要素：一是善的目的，即以"道德意志的可塑性"为起点、以引人向善为归宿，帮助受教育者获得"持久的内在的潜在动因"或"人格特性"。② 可以说，管理成效取决于其在何种程度上能够实现和维系这种目的之善，并且形成有益于德性的实践和后续发展的行动伦理。二是善

---

① R. S. Peters. Ethics and Education [M]. London: George Allen & Unwin Ltd, 1966: 287-288.

② [德]沃夫冈·布雷钦卡. 信仰、道德和教育：规范哲学的考察 [M]. 彭正梅，等译. 上海：华东师范大学出版社，2008：3.

的方式。达成前述目的的过程依赖于个体的主动性要求,并且促进公共生活中的主体间或代际关系的建立与和谐发展。从公私领域的界限来看,道德并不只涉及"个人为之负责的社会关系",道德原则的普遍有效性要求将"单个地、私人地从事的理想的角色承当转变为一种公共的、由所有人共同从事的实践"①,在教育生活中意味着促进可能的共同理解和行动,或至少避免对学习者扩展经验和交往范围的阻碍,以增进个体"体验情感或关心他人的能力"②,提升道德行动的真诚性(genuineness)。教育目的包含着对诸多目标的价值规定,但本身无法为达成这些目标的方式和手段提供伦理基础。与教育密切相关的管理事务包含着对实现健全人格这一最高目的所包含的内容加以具体化和操作化的过程。有时为了充分实现所谓"好"的目的,也可能忽视方法与过程在道德上的可接受性。换言之,目的之善不能直接推导出教育过程、方法之善,更不能直接确保教育行为的正当性,这就涉及从教育目的(价值)到教育行动(规范)的转换问题。一方面,需要避免在真实的教育实践中出现以目的的正确性代替方法的正当性的情况,另一方面应该审慎考虑任何既定程序所服务的目的,回归以育人为本的价值立场。

总之,学校管理程序的正当性基础与教育性立场是内在关联的两个方面,也是应当加以兼顾、融合的两个伦理向度。管理的目的不是限制和约束,而是借由规范的手段来促进学生的道德判断和道德行动能力的发展。比如,学校管理者实施教育惩罚时,既要从正义的视角检视学校管理行为,也要从教育的立场审视实现正义的过程,这时就需考虑如何平衡程序正义与实质正义、保护学生基本权利与给予学生(尤其是犯错学生和弱势群体)人文关怀或人道援助之间的关系,从而在保障学生应得教育权益的前提下,在教育目的的导引下,实现教育过程或学校生活中的正义价值。

---

① [德]哈贝马斯. 在事实与规范之间:关于法律和民主法治国的商谈理论[M]. 童世骏,译. 北京:生活·读书·新知三联书店,2003:134.
② [英]彼得斯. 道德发展与道德教育[M]. 邬冬星,译. 杭州:浙江教育出版社,2000:167.

第八章　让学校成为道德共同体

案例：

应付检查

　　某学校准备迎接上级的一次大规模检查，其中一项是检查学校各班是否开设了"健康教育课"。但在应试教育背景下，许多学校都不会开设这门课。为了在检查时不被扣分，学校政教处火速召开班主任会，要求各班主任回到教室里，立刻把教室墙壁上课表中的"自习"改成"健康教育课"。不过，这次检查团不但看课表，还要随机抽查学生，让学生说出学习的内容。教导处立即要求在每个班选定成绩最好的学生突击背诵教材上的内容，而为了保证抽到的学生恰好是有准备的学生，可以采取"指鹿为马"的策略，无论检查团抽到哪名学生，都让有准备的学生去。在班上，老师们便以"热爱学校""维护学校荣誉"等神圣理由，要求学生背诵心理健康知识。这时又听说，检查团不但要抽查学生，还要看被抽查者的学生证，对着照片验证学生。学校又商议出一个办法：调包计。到了检查日，检查人员在学校办公室按各班名单划定抽查对象后，班主任就拿着抽查学生的名单回教室找人，同时再叫出已经将健康知识倒背如流的学生。在教室外面的走廊上，班主任悄悄吩咐这些学生拿出各自的学生证，小心地撕下照片，贴在另一张学生证上。这样，从拿到名单回班叫人，到领着学生来到学校办公室，前后不过几分钟，学校就成功向检查团表演了一个张冠李戴的"魔术"。①

学校教育的开展，通常离不开行政系统的支持和调控。接受指示、应付检查几乎是每所学校都会频繁面临的常规事务。但是，诸如视察、验收、督导、评比、考核等行政手段，作为强制性的事项，不仅给学校和教师造成一定负担，而且助长、滋生出越来越多的造假现象。相应地，学校采取的管理措施，由于大多是从学校整体利益去考虑，有可能会阻碍教师道德行动的实现和教育目的的达成，对学校共同体的道德生态和精神氛围造成严重影响。譬如上述案例，就存在着达成学校的整体利益和促进学生的道德发展目的之间的博弈和紧张关系，学校共同体的道德价值也面临着现实的挑战。

一、利益驱动下的学校"造假"

学校的"造假"行为绝非情有可原，但也并非事出无因。这里，可以区分学校领导和教师的不同立场，前者采取主动选择以保障学校的最大利益，后者则采取妥协姿态以避免个人利益受损。

（一）学校领导：确保学校利益最大化

学校为何要动员全校师生造假？第一，考评压力太大、验收项目太多、行政负担太重……凡此种种，导致学校无法事事认真对待。为了保证效率和利益，被检查时有必要灵活变通、统一口径。第二，该课程存在着普遍无法落实的情况，既然是应试教育的必然产物，就没有必要"反潮流而动"。况且，凭借一所或几所学校势单力薄的行动，承认自身没有尽责的事实并提出开设该课的困难，不仅达不到匡正时弊、改换风气的效果，反而会因为其"特立独行"触及学校组织的整体效益。由于事关学校利益（地位、声誉、资源等），当其他学校同样在造假时，自己不造假就会吃亏。第三，学生作为学校共同体的成员，无论在组织关系、利益关联还是情感归属上都依赖于学校，

---

① 案例来源：《中国教育报》2004年7月13日第8版。

学生应该并且也会愿意配合学校的要求。从中不难看出，学校所持的理由几乎都与功利或利益相勾连，以学校系统的效能最大化为主要考量依据，并且有意将此举归结为教育体制的规限和校外环境的压力的产物，从而回避了学校领导和决策上的价值或道德的问题。

然而，学校是在维护"谁"的利益？若是学校的利益，那么它是否包含了学生的利益或对于学生的发展真正重要的根本利益？若是全校师生的利益，那么学校所要维护的这种利益是否真的重要？首先，学校未曾按照规定开设心理健康课程，是为了达成一些外在目标（如升学率）而牺牲了学生全面发展的根本目的，学校理应为没有按规定开设心理健康课负相应责任。其次，学校以集体荣誉、整体利益的名义"鼓励"师生作弊，用虚假手段维护其地位和名声，为违规违纪行为寻找合理化的托词，不仅迫使教师放弃了最基本的诚信准则和垂范作用，而且背弃了学生道德发展的最高目的。由于法不责众，只要是集体性的合谋行动的结果，个人就不必为此担负道德责任。同时，所谓"维护学校整体利益"，不等于学校就在致力于容纳和具体实现着每个学生的利益，而是传达了一种强调整体高于个体的观点，并就此将学校与学生之间的非功利性或超越利益的精神性联结割裂开来，将学校利益（包括全体教职员工与学生之间共享的资源与福祉）与每个学生在教育上应该拥有或希望获得的利益置于对立面，甚或用学校领导层的实际利益来解释和支配学校和学生的潜在利益。再次，配合学校"集体作弊"是否就是"热爱学校"的表现？显然，后者只是达成前者的手段，即利用学生对学校的归属感和荣誉感来换取其理解和认同，而罔顾该做法是否会造成学生对学校和教师的道德形象的认知失调。

（二）教师行动：实践中的两难选择

教师响应号召、执行造假的理由又有哪些呢？第一，作为学校成员，教师有义务协助学校高层完成任务，无论被要求的是什么内容。第二，为了顾全学校大局、不影响学校正常的运行秩序，即使"明知不可为"，也不得不服从学校的领导意志或制度要求。第三，妥协与否事关自身的物质利益和职业发展前途，特殊情况下可以优先考虑利益问题，道德考量则居于其次。概而言之，上述理由无非指向两方面：学校利益和教师自身利益。后者的实现必然依托于前者，所以二者其实是内在一致的。其中还隐含着两种相互冲突的义务：一是以学校成员的身份服从学校指令的制度义务或行政义务，二是以教育者的身份守护学生人格发展并且做到言行一致的道德义务。即使学校的指令明显违背自己的道德良知，教师们也选择无条件地履行对学校的义务，因为背后关系着他们的"种种切身利益"。既然看重职业行为所能带来的个人利益或眼前利益、所能避免的不利己因素，一些教师自然不愿再去考虑该行为本身是否道义、是否符合专业伦理规范以及是否会对学生的道德发展产生负面影响；另一些教师可能不是自愿为之，但为了消除学生的顾虑、保全自己的道德人格，只能将责任推向学校乃至上级部门，将亲身参与的不道德行动归因于外界环境，传达出一种个人行动受制于集体因而无力甚至无须作出自主、自觉、自愿的道德选择的消极态度。

对于学校领导交代的造假要求，教师往往敢怒而不敢言。学校的社会环境一般不鼓励讨论伦理问题，教师们即使发现由学校教育的结构或制度所造成的伦理问题，也不愿在日常工作及谈话中承认它们。学校教育事业的基本结构不容置疑的特点，使得教师在非支持性的环境中渐渐发展出自我保护的硬壳。[①] 学校和教师如何面对、解决这些问题，对学生的影响却不亚于或超过了直接的价值观教育。此时，教师若是不加批判地维护、服从上级领导者的权威意志，将其引申为自身职责的一部分，当其面临两种义务的冲突时便无法避免"平庸之恶"——在此情形下，不事思考的教师个体便成为学校（共同体）利益的驯服工具，即使明知这种做法会让学生陷入道德困惑，也不会去主动抵制、收敛不义之举。

二、学校作为共同体的道德向度

在利益关系宰制的学校生态中，学生们失去的不单是儿童的质朴纯真，

---

① Huebner, D. Teaching as Moral Activity [J]. Journal of Curricutum and Supervision. 1996, 11 (3): 267—275.

还有为人处世、人际交往所需的真诚品性。当他们发现从容忍、包庇"恶"的制度中可以获得好处，而坚持诚信和正直却被认为是刻板、不成熟的表现时，意味着学生在校的制度生活出现了道德尺度的缺失和价值原则的混乱，尤其是在利益与道德之间出现冲突和失序。无论从学校的存在目的还是育人生态来看，道德始终应是学校发展的首要向度。

（一）学校发展面临的道德困境

一名教师这样痛陈自己参与造假的经验："最让我受不了的是上级抽调一些学生进行座谈时，学校领导要先交代老师怎样怎样，再让老师教学生如此如此。大人们有明辨是非的能力，而孩子们却不知如何辨别真假，而我们就像在孩子纯洁的心灵上乱扔垃圾一样，使他们久闻不知其臭，变成了一种习惯，从而变得更加世故……现在再开座谈会，学生们会说着呢！哪个不把老师和学校吹得天花乱坠？哪里还看得到半点童真？我们又怎能期望他长大后能踏踏实实地去工作呢……教师这个职业，首先是个糊口的职业，一家老少还指望我们去养活，有几个人敢冒险丢掉自己的饭碗？面对给教师排名打分下岗的压力，又有几个人能超凡脱俗？就算是没有下岗之忧，你也要给学校的领导留个好印象吧！不然什么好事会轮到你？"[①] 从该教师透露的现状可以发现，来自上级的行政压力从学校内部自上而下蔓延，师生对学校领导及其所代表的公共权力也产生了一种自下而上的路径依赖。学校领导在应对上级检查的事务上，早就设计了一套"应急"方案和全员行动模式，为此不惜将教师工具化，被控制着物质利益和职业发展前途的教师又进而将学生工具化。于是，学生无须作出独立的道德思考与判断，无论在心智还是权利方面均显弱势的他们只能依照既定的规则来完成学校指定的任务。师生不敢也不愿反抗这种由权威强加的不义的秩序，反而越来越适应这种缺乏"道德自我"的生存状态。学校动员全校作弊的直接后果是对制度正义性的破坏和对个人自主性的钳制。

一方面，心理健康课的"无中生有"是对学生和社会的直接欺骗，这无

---

① 吴若岩. 学校造假何以蔓延[N]. 中国教师报，2004-01-14.

异于取消了学校道德教育的有效性。教育是引人向善的,其自身也必须是善的。造假事件对学校人文环境的侵蚀并非无关宏旨,它容忍用欺骗的方式完成教育工作,也就完全可能"教会"学生同样以欺骗的方式完成其他工作。如果学校每天高喊道德口号、狠抓行为规范,却在常规管理和与学生的日常交往中纵容不道德现象,比如急功近利、官僚主义、知行割裂、弄虚作假等问题,那么儿童学习的不是道德,而是伪善。[1] 学校做出道德上引起非议的行为,在学校内部将瓦解学校与师生、教师与学生之间的信任纽带,在学校之外一旦被揭发,还会使公众感到被欺骗,导致整个学校乃至教育系统的社会信誉及其为公共利益服务的专业信念受到质疑。此外,举全校之力来"守护"一个谎言,这种行为本身就是"反教育"的,即默许学生可以为了名义上的"集体目的"或实质上的个人利益而不择手段,可以不加分辨地服从来自教师和学校高层的权威意志而放弃心中的道德准则,如此等等,在学生中间造成"只计利害,不问是非"的负面影响。

另一方面,学校内部上下"合谋",是将学校的前途或学校整体的当下利益与学生发展的长远利益相混淆,或者说用前者替换后者的结果。关于一个公共教育机构的根本责任、教师和学生的根本利益所在,该学校未曾深思熟虑。从学校内外部的关系性质来说,学校对外是以契约关系、经济或利益关系、行政关系为中轴的,比如学校与家庭、其他社会团体、行政管理部门之间形成的自愿或强制的互动关系,这些都构成了学校教育能够在现实中持续运作的环境条件。与此不同,学校对内以道德或伦理关系为根基,教育共同体也是一种伦理性的结合。[2] 因而,决定学校存在、支撑学校行动的根本依据必须是教育的目的和本性,即任何学校事务的确立和开展必须植根于教育所内含的价值要求或教育本身的逻辑。因此,学校里的种种非教学性事务并不独立于有着明确教育教学目标的事务。看似无关于直接的教育过程或只是从外部支撑具体的教育过程的内容,实则对浸润在学校生活之中的学生产生着

---

[1] 金生鈜. 为什么要塑造学校的道德文化——学校作为一个道德共同体的再道德化思考[J]. 西北师大学报(社会科学版). 2005 (4):71-75.

[2] 樊浩. 教育的伦理本性与伦理精神前提[J]. 教育研究,2001 (1):20-25.

无形的、即时的、不定型的教育影响。在上述案例中，学校制度的一系列既定标准和规范在面对上级检查等类似事件时失效或疏漏太多，并且让位于一种不正当操作下的决策结果，从而背离了教育情境与教育对象，遑论"长善救失"的教育要义。学校中的诸多行政事务，既可看作教育的准备工作，又考验着学校和教师在非学科实践或行政事务中对教育性要求的感知力与判断力、对育人氛围和言传身教的敏锐性与责任心。所以，即使这些"琐事"不能从实质上促进教育价值的实现，学校领导、教师以及教辅人员也必须审慎对待。

无论从教育的目的还是方式来看，造假事件都呈现出学校决策的一种"非道德"（注重有效性层面，将教育中的行政工作视为自外于教育教学、伦理道德的领域）和"反道德"（陷入功利性目标，以致违反"诚""信"等基本伦理价值）的不良倾向。学校领导在做决策时，考虑的是某种有"利"、有"好处"的结果，而无关任何"善好"（morally good）的目的，对于造假行为将给儿童完整、独立的精神世界造成何等伤害，也存在一种道德冷漠和认知不清的表现。由于缺乏伦理立场，学校和教师简化了该事件作为道德问题和学校环境本身作为道德情境的复杂性、不确定性，忽略了对学生的特殊处境和需求的关切、体察和回应。实际上，应对检查不只是一个技术或策略问题，更是检视学校道德风气建设、学生道德生活体验的伦理问题。教育者需要考虑的是，如何在不违背诚信原则的前提下机智应变（变换执行方式），或在事后如何通过师生共同的道德反思、价值澄清复归诚信原则（执行后及时补救）。比如，案例中就有老师在事后向全班学生作了深切的道德反思和劝告——检查团走后，李老师回到班上，对学生说："李老师今天造假了，而且还教同学们造假！我很痛苦，但作为学校的一员，我不可能违背学校的统一指令！但这也不能怪校长，因为在所有迎接检查的学校都在造假的情况下，我们学校诚实，只会意味着学校种种切身利益的损失！校长也是非常痛苦的，但他没有办法！那么怪谁呢？坦率地说：我也不知道该怪谁！我现在只能对大家说：这就是我们面对的现实，我们面对的社会！作为自认为还比较诚实的人，如果我们不得不造假，我也希望在造假时，我们不是心安理得的，而是内疚与痛苦的，并在生活中尽量少造假……"他坦陈自己在道德教育上的失职，将校长、教师分别面临道德两难的困境呈示给学生，并无奈此事"不知道该怪谁"，因为学校生态已经被不诚实的社会风气所侵染。最终，这个无解的问题还是被抛向了不成熟的社会环境——学生未来必须要面对的社会现实。换言之，教师们通常无力改变当下的学校环境，而这俨然向学生传达了一种暗示——普通人缺乏改善自身处境的力量或意愿。

不仅如此，从宏观的文化语境来看，"现代社会至少在表象上常常是陌生人的集合，其中每个人都选择阻力最小的道路追逐自身利益……以这样一种方式难以关心家庭、学校以及其他真正的共同体；即使我们对这些共同体的关注，现在也为日益增长的个人主义观念所侵蚀"。[1] "个人主义"已经从一种被高扬的新思潮变成已经渗透于日常生活的行为方式，成为主导人们的行动方式、支配人们的交往信念的一种价值取向，并且与历史环境中生成的"关系主义"和"集体主义"话语之间不断碰撞。实际上，当前社会生活无论在经济、政治还是家庭领域都发生了根本变化，而家庭作为最初的伦理实体和出于自然的关联，其所孕育的精神已然面临"缺场"和"隐退"的危机。现代社会运行的诸多规则一方面有脱离家庭伦理功能的倾向，另一方面仍然以家庭关系为基础，承担着重建伦理共同体、发挥公共领域的伦理功能的责任，以此实现个人利益的协调和更广泛的社会团结。正如有论者所说，"在伦理精神中，'伦'始终是出发点和归宿，它不仅预设了'家园'，而且具有回归家园的能力，这就是'精神'"。[2] 这意味着，反映个体意志选择和内在生命秩序的道德感，可以通向社会人伦及其内在生活秩序的建构。实体性的精神构成了人格完善的基本前提，并且具有更大的解释力和包摄力。在这个意义上，从学校内部生成一种健全的共同体意识，应当扩展和深化为一种伦理精神，促进个别性的成员与学校整体性之间的统一，沟通家庭与社会的关系。

---

[1] [美] 阿拉斯戴尔·麦金太尔. 追寻美德：道德理论研究 [M]. 宋继杰, 译. 南京：译林出版社, 2003：319.

[2] 樊浩, 等. 中国伦理道德报告 [M]. 北京：中国社会科学出版社, 2012：13.

（二）学校作为一种道德共同体

如果成年人不能解决其工作场所中出现的道德问题，那么仅仅关心如何向年轻人传授道德价值观的做法就很难说是真诚的。在现实的内外压力之下，学校领导和教师个体都失去了说真话的勇气，生存于该群体之中心智尚幼、经验尚浅的学生们，又有多大可能去保持和践行个人道德呢？借鉴尼布尔（Niebuhr，R.）提出的"道德的人"与"不道德的社会"的悖论来看，个体具有天然的同情心和理性能力塑造下的正义感，在关键的行为问题上能够优先考虑他人的利益，而"群体缺乏理性去引导与抑制他们的冲动，缺乏自我超越能力，不能理解他人的需要，因而比个人更难克服自我中心主义……当群体与个体的私利在共同的冲动中结合在一起而不是谨慎地分别表达其各自的利益时，这种群体自利的形式就会非常明显地表现出来"。[①] 无论是从个人道德或私人理性扩展为群体道德或公共理性，还是要求个人在服从权威和集体意志的潮流中保持原初的正义感和反省意识，都非易事。要从道德教育和社会教育上提升人们正确权衡利益以及超越利益范畴算计的理性能力，也不是一蹴而就的过程。然而，学校毕竟不同于一般性的社会群体，它是为公共的利益和目的而形成的规范化、制度化的存在。

如果学校可以被视为一种特定类型的共同体，那么这一共同体显然不只是特定社会或政治语境下的产物，而首先是一种伦理性的概念和公共性的理想话语，旨在为个体获得并维护平等的权利提供保障。然而，从自我的需求出发，将共同体仅仅视为达成个人或组织利益的工具或手段，这些观念的滋长直接影响着学校教育的目的和成效。学校与其说是政治社会的雏形，毋宁说根本上是一种伦理实体。在黑格尔提出的"家庭—市民社会—国家"的伦理世界及其时空结构中，学校即发挥着将个人利益的特殊性提升为伦理精神的普遍性的中介作用。不仅如此，它还应该体现出批判和反省成员的排他倾向、促进成员自愿的认同感等实质价值。当主体来源于尚未成熟的学生时，

[①] ［美］莱因霍尔德·尼布尔. 道德的人与不道德的社会［M］. 蒋庆，等译. 贵阳：贵州人民出版社，2007：导言 3.

教育工作者总是面临着预期的认同正在成形的状况，并且需要留意如何容忍不同的声音而不至于排斥尚未或未能进入共同话语的理性体系的个体。在学校内外，不同成员的组合可能产生多种共同体，由权威力量或权力身份所赋予的发声方式和确认为合法的话语内容，这既不应构成对专业领域的越界，也不应变成对多元经验的简化。学校作为共同体的独特意义，或许在于调节个体道德（个人主体性意识）与共同体伦理（社会伦理精神）之间的消长悖论。唯有通过多元化的参与而实现的成员身份建构，才能维持人与其在共同体中的位置和参与方式之间的长期关系。

可见，"学校"角色的重要性在于，成为在群体内部关系中或外部关系之间作出理性与道德的考量的先行者。换言之，决定社会当中的群体关系的通常是政治关系或权力关系而非伦理关系，学校组织则不能只是消极看待人性的限度与可塑性，它需要通过理性与道德的规劝、协调，尝试建立一种良善而公正的关系。否则，像案例中那样，学校领导层轻率地提议造假，置学生的长远利益于不顾，那么仍然只是一种趋利避害的群体行为，学校又何异于谋求私人利益的集团呢？可见，事后的劝诫虽可算作亡羊补牢，却是乏力而无果的。面对今后将要担当社会（政治）责任的未成熟公民群体，顶层设计的学校和实际操作的教师除了不推卸责任，理应做出自觉的改变。

作为教育共同体，学校在监督教师遵守专业规范、涵养教师的专业德性等方面负有不可推卸的责任。作为一种道德共同体，学校更需要反映特定的社会精神要求。换言之，学校是能够反映社会生活的微型共同体（miniature community），它在目的、内容和方法上不仅体现出社会性，即同为共同体成员的教师及其与学生的协作和交往，在整个教育过程和学校环境中更是无不渗透着道德性，充满了关乎是非善恶的判断与选择。正像杜威声称的那样："只要我们所称的学校纪律、管理、秩序等等是这种固有的社会精神的表现；只要所用的方法对积极的建造能力有吸引力，允许儿童发表，因而允许他服务；只要课程的选择与组织能提供材料使儿童认识他必然在其中起一份作用的世界，认识他必须满足的需要；只要这些目的都达到了，学校就是组织在伦理的基础上。"[1] 由于教育是一种社会过程，学校是社会生活的一种形式，学校本身在精神上须能代表真正的社会生活。这种共同生活和沟通是未成熟的人逐步习得社会所建立的共同目的和经验的方式而获得生长的过程，也是成熟的人在帮助未成熟的人获得共同经验的过程中实现自我发展的过程。共同体所内含的沟通或共同行动本身就具有教育的意义，教育甚至被看作是评估各种社会生活形式的重要标准或尺度。学校不同于其他社会共同体，就是因为它能够超越自身狭隘的利益，寻求得到广泛认同的共同价值与目的，不断改进儿童所习得共同经验的品质。

在这个意义上，学校应该成为改造社会环境、引领道德风尚的伦理实体，一种能够实现个体与学校之间的道德关系、责任关系并且彰显个体作为学校成员而行动的精神实体。从政治社会职能来看，学校具有行政主体的资格，它不仅接受国家行政机关的监管，而且自身也被视为一个准公共权力主体。学校与师生之间就因特殊的义务而形成了管理与被管理的关系，或者说权力服从关系。[2] 但是，由制度从外部赋予的行政属性并不是学校赖以存在的根本属性，学校必须充分诠释自身的道德功能、发挥一种道德领导的作用，比如将师生视为拥有自由意志的成熟或未成熟的道德主体（教师还是拥有特定决定权和自主权的专业主体），并为这些实践主体提供互动、判断、选择的多元情境和适当方法。学校的道德文化本身是道德教育（教化）得以施行、生效的时空背景和逻辑前提，也只有完善了这一前提，儿童的道德人格才具有现实的支撑。就此而言，学校对整体道德氛围的追求和营造，构成了儿童道德品质发展的先决条件，建构道德共同体应是积淀学校文化的题中之义。

此外，学校共同体还必须坚守其自主性、独立性和封闭性。如沃尔泽（Walzer, M.）所言："学校、教师和思想创造并填充了一个中介空间。他们提供了一个环境，虽然不是唯一的一个，但却是迄今为止最重要的一个，使

---

[1] [美] 约翰·杜威. 学校与社会·明日之学校 [M]. 赵祥麟, 任钟印, 吴志宏, 译. 北京：人民教育出版社, 2005：95.
[2] 吴回生. 学校权力与学生权利问题探析 [J]. 教育研究, 2012 (5)：36—41.

批判性理解和社会批判的生产与再生产得以发展。"① 学校教育被看作具有独特社会意义的善物，其自身就构成了一个独立的正义领域。正是学校或教育的这种自主性，确保了学校对社会的批判性功能的发挥。学校既要为面向所有学生的真理传递提供机会和空间，又发挥着传递美善的道德价值、维持和促进社会道德进步的重要作用。在这个意义上，学校营造了一个特殊的共同体环境，可以抵御外部的强制力量（如行政力量）和不良风气（如功利、虚浮之风）的侵蚀，使教育过程不受直接形式的外界压力的影响。不仅如此，学校还必须从内部寻求自主的力量，成为一个以善和正义为内在目的的道德共同体，使其成员（尤其是作为专业主体的教师）能够自觉反思和抵制一些"非人性化"和"去道德化"的管理弊病。这就要求履行价值范导或如杜威所说"净化"的职责——"学校要建立一个净化的活动环境。选择的目的不仅是简化环境，而且要清除不良的东西。每一个社会都被一些无关紧要的东西、旧时留下的废物以及确实是邪恶的东西所累，阻碍进步。学校有责任从环境中排除它所提供的这些坏东西，从而尽其所能抵制它们在通常社会环境中的影响"。② 健全和突显自身的道德本性，塑造自身的道德文化，渗透于学校内部各项事务，是为了更好地支撑和发挥共同体环境对其成员的教育功能，形成一种能够滋养个体德性并且尊重个体道德实践的校园伦理生活。

三、学校如何成为道德共同体

从学校的专业性质来看，学校承担着制度化教育的责任，构成师生的专业活动和道德生活的主要根基和发展平台。然而，在特定的社会文化情境中，学校并不能自然成为一个体现良好伦理风尚的共同体，学校组织的运行规则总会不可避免地受到上级行政命令的压力、个别领导者的权威意志、官僚主

---

① [美]迈克尔·沃尔泽. 正义诸领域：为多元主义与平等一辩 [M]. 褚松燕，译. 南京：译林出版社，2002：262.（引用时以中译本为主，并参照英文本做了必要修改。）

② [美]约翰·杜威. 民主主义与教育 [M]. 王承绪，译. 北京：人民教育出版社，2001：22—23.

义或形式主义的作风等学校管理弊端的影响，加之教师道德敏感性的薄弱，现实中的学校很难发挥其应有的道德功能。因而，学校亟须营建道德的环境、突显道德的品格，使成员们愿意为谋求共同而正确的发展目标而行动，与学校教育过程以外的规则控制、技术事务适当分离，尤其避免某项常规或非教育的任务违背教育初衷而由效率和狭隘利益驱动。

（一）发展和健全学校的制度伦理

道德共同体的建构和维系，有赖于学校内部形成持续有效的伦理对话机制，经过伦理慎思的教师更有可能依据学生的基本利益，严格履行其专业规范，也会更谨慎合理地规约和调整自身行为，同时对学校领导层的决策产生积极影响。但是，在学校科层化的组织结构内部，很少有讨论伦理问题的机会，大多数教师都是被动执行各项行政指令，不受操纵的伦理反省只能暂存于个别教师独立的心理过程中。以工具理性为取向、以权力为媒介的行政管理系统本身是具有不透明性、缺乏反思性的，日益扩张的权力机构对学校生活世界的控制和侵蚀，导致以理解和共识为目的的交往行为被工具化，身处系统内的行为者的最终目标并不能真正由他们自主决定。学校虽然在法律或制度上隶属于行政系统，并且在实际运行上离不开后者的支持，但是学校教育者（包含领导者或管理者等多重身份）本应扮演更重要的道德角色——在允许或鼓励伦理协商的规范环境中实施言语行动，最大限度地发挥自己言传身教的功能。这就需要考察制度系统的伦理限度，以免某个强制性的教育规定变为瓦解学校道德立场的反向推力。

每个人在道德上的认知、意志和能力都是有限的，要避免"立法者"受自身利益立场的制约，或遏止集体性的不道德行动，不能仅凭个体的道德信念或职业信念，更需要反思学校制度的正当性或伦理属性，建立一种行之有效的制度伦理，使制度生活本身成为一种教育过程以及共同体成员所认同、实践的生活方式。特别是当教师面临关乎是非善恶的道德困境时，为了减轻教师在做出选择时承受不必要的道德压力（moral stress），避免教师在个人良知、专业伦理规范或制度规范、领导者意志的权威之间徘徊以致做出不当决断，势必需要学校重视制度伦理的支持和导引，以使教师之间形成相互范导、共担责任的伦理风气。具体包括两个方面：一是从外部去抑制成员的不道德行为，激励成员的道德行为；二是从内部去支持师生真正成为能够运用自由意志的道德主体，解放并发挥其道德潜能，在制度生活中（学会）自觉出于责任而不只是合乎责任地做出道德的选择、承担行为后果。

制度对特定社会或共同体内的成员产生直接的经验作用，因而在保障社会秩序、规范人类生活方面具有优先性和普遍性。制度对行为主体的强大影响力，使得普通个体的行为选择很大程度上受制于外部条件。一个身处不合理或不道德的制度、自身道德意志又不够坚定的人，很容易功利性地选择迎合制度而迷失个体良知。建立一个在伦理上趋于完备的制度，既是为了制约和塑造成员的行为，使之合乎职业道德或公共道德的尺度，又旨在规制和平衡学校在立规、管理、行政方面的权力，使之不会妨碍师生发挥其理性自主与道德自主。在学校外部的检查制度上，需要调整可能催生造假行为的不合理的监管手段和评价指标，适当放宽对学校课程开设、课堂教学等方面的限制，充分发挥学校的专业自主权。在学校内部的管理制度上，需要明确学校领导的管理和决策权限，减少对教师（学生）不正当和不适当的制度约束和话语压制，尊重和保障师生的基本权利并为其提供表达意见的民主渠道，使师生能够在制度所容纳的自由空间中做出明智的道德抉择。

制度是人的自由意志实践的具体样式，伦理属性是制度的内在属性。不过，具有伦理属性并不能表明其具体内容就是善的，这种属性的具体内容必须依据特定的价值标准、尺度来分析。[1] 一个社会制度本身设计合理，符合道德的精神，它便有资格要求个体做出道德的行为，也有助于个体做出道德的行为，还能对不道德的行为进行有效制约。可以说，良善制度是个体做到知善而行的前提和基础。[2] 尽管我们可以通过制度的安排和环境的创设来规范教师行为，但还不足以证成和实现制度的良善。此时，鼓励教师对学校现行制度进行实践性反思，与监督其执行制度所规定的内容就显得同样必要了。长

---

[1] 高兆明. 制度伦理与制度"善"[J]. 中国社会科学, 2007（6）：41—52.
[2] 杜时忠. 制度德性与制度德育[J]. 教育研究与实验, 2002（1）：38—43.

远来看，前者的重要性更甚于后者。因为唯有允许教师在经过充分思虑和主观创造的基础上，有意识地做出良善、正确的道德选择，同时又可以推进制度建设的完善，这样的制度才会被认为是良善且值得遵从的。

（二）为教师的道德行动提供环境和契机

强调理性的伦理制度仍然面临着这样的问题——"它把道德现象从个人自治的领域转换到靠权力支持的他治领域。它用可习得规则之知识代替由责任组成的道德自我。它把在以前采取道德立场时曾经是他者和道德的自我良心的责任转给了法典的制定者和守护者"。① 道德行为不能完全由环境或理性的动机来保证，尤其在权威不足以信赖、规范趋于多元、道德呈现模糊性的现时代，教育者的道德良知和选择也会不可避免变得摇摆不定，出现种种矛盾和错误。道德责任依赖于行动者的角色，即教育者或学校成员的（专业）角色。由一种专业权威所规定的义务才足以赋予教师道德选择的自由，并使其成为道德上值得信赖的人。

如果说制度伦理为凭良心行事的个体提供了形式保障，那么教师的个人德性就为道德共同体的存续注入了动力，后者主要涉及教师的道德理性观念、道德责任感（道德意志和行动能力）、道德敏感性（道德直觉或是非感）、对行动后果及其多元可能性的道德想象力。在学校制度的架构下，教师德性集中表达为专业伦理规范上的自觉和专业伦理实践时的自律。一方面，学校对教师的利益驱动不应该以突破公共道德或职业道德底线为代价，更不能用利益的权衡取代道德的评价。这就要求通过伦理制度的完善去调整学校对教师的管理行为，使之合法化或正当化。一般来说，制度伦理的建构越完备，教师也越能做出符合规定而又在道德上可接受的决定。另一方面，教师并非全然受制于现行制度，而应当成为参与创造、阐释和反思制度的行动者。制度只能不断趋于完善，一些突发的非教学性事务的出现，恰能真实地反映出学校制度伦理的成效与教师个人德性的水准。比如，教师的跟风造假，反映其

---

① ［英］齐格蒙特·鲍曼. 后现代伦理学［M］. 张成岗，译. 南京：江苏人民出版社，2002：13—14.

自身欠缺对于某种行为所蕴含的道德依据的觉知和所造成的道德后果的预见，以及在道德冲突的情境中做出明智判断和选择的能力。在这种情况下，学校的任何决策都应做到尽可能减少教师面临道德上的困难，为他们做出自主的道德决策营造安全的环境，以便其能够进行充分的反省和互动，提升在特定情境下的道德敏感性和实践判断能力。

教师不只是政策指令的简单执行者，他们必须直面含混而又不可预测的教育情境，出于某种专业认同感来自觉选择如何作为，也即用善的目的和方法达成最趋近于善的结果。学校伦理精神的维系，最终仍要落实于每个教师自身的道德行动，即在道德实践中做到严格自律和以身作则，为此学校需要提供这样的契机。对于道德实践者与日常行为之间的内在关联，杜威就曾提醒："人们作出许多行为，不仅没有想到它们的道德性质，而且实际上什么也没有想。然而，这些行为是其他有重要价值行为的先决条件。一个罪犯去犯罪，一个善良的人去行善，两者都要步行或坐车。这样的行为（孤立地看，和道德无关）从它们导致的目的中获得道德意义……人们做出的大量行为本身似乎是微不足道的，但它们实际上是那些涉及明确的道德考虑的行为的支持或支撑。"[1] 在不甚明确的伦理制度或道德规则下，其运用之妙，往往存乎一心。化解一个道德难题比破解一个法律难题更难，原因就在于一种道德的或善的行为既源自理智、意志，又涉及情感和欲求，而不是依据任何制度权威和固定标准就可以合理解释的。这个道德难题若发生在学校场域中就更复杂了，行政系统与教育过程之间本就存在一定的"逻辑鸿沟"[2]，教师一方面要顾及学校行政的各种外部规则，另一方面要意识到学生在道德情境中的信念和情绪的脆弱性，准确回应其内在的道德需求，以做出符合学生的最大利益的道德判断。[3] 这些都要求为人师者具备感知和反思具体情境中的行为意义

---

[1] ［美］约翰·杜威. 杜威全集. 晚期著作（1925—1953）第 7 卷［M］. 魏洪钟，等译. 上海：华东师范大学出版社，2014：135.

[2] 陈桂生. 学校教育原理［M］. 上海：华东师范大学出版社，2012：43.

[3] Colnerud, G. Moral Stress in Teaching Practice [J]. Teachers and Teaching: Theory and Practice. 2015，21（3）：346—360.

的能力，即能够增进"善"的思想、转换成"善"的实际行动的"教育学理解"（pedagogical understanding）①，一种建立在对学生人格和价值充分肯定的基础上的交互式而非孤立抽象的理解形式。

（三）让学校管理工作回归教育性价值

通常来看，学校管理主要依靠既定制度和规则来约束成员的行为，制度的执行和规则的施加往往与趋利避害或由利益驱动的心理动机相一致，这虽然能够起到基本的行为规范作用，但也在很大程度上消解了教师自觉主动地追求道德行动的可能。要避免制度的运行出现这一倾向，学校管理者的领导行为就应该发挥积极的道德影响力，包括两个方面：第一，管理措施的选择和实施符合基本的社会道德规范和专业的伦理规范。从学校内含的伦理责任来看，教育工作是一种道德实践工作，尤其是承担这项专业工作的学校管理者和教师，其任何行为都蕴含着一定的道德义务，对学生总是产生着不同程度的道德影响。这意味着，学校共同体中成熟的成员必须更确切地认识到自身应该履行的专业规范，学校的管理措施不能只是显现出为了完成各种行政指标的工具效用和强制力量，而是需要力求使其凸显"维护学生权益""培养学生良好品行""以身作则"等专业伦理要求，在理智上确认学校教职员工应当向学生传递哪些价值观以及避免产生哪些不良影响。第二，明晰学校发展和育人的共同愿景，确立全体教职员工共享的道德价值观。从学校营造的伦理环境来看，学校可以视为学生所享有和归属其中的独特的生活实践领域。作为公共教育机构，学校不仅需要服务于实现既定的公共利益，而且旨在造就能够参与政治社会生活的合格公民，帮助未成熟公民从私人领域顺利过渡至公共领域。在培养公民的意义上，学校管理者采取的任何管理手段都应该以基本的公共道德为底线，尤其是在师生交往中做到诚实守信，即以诚实的生活方式来影响和指导学生做出诚实行动、以诚信的生活环境来孕育和保护学生的诚信品质，否则教师的行为就失去了示范性，学校的氛围也缺失了让

---

① ［加拿大］马克斯·范梅南. 教学机智——教育智慧的意蕴［M］. 李树英, 译. 北京：教育科学出版社, 2001：114.

学生信任的基础。对学生发展所承担的责任是支持教师投入学校事务的原初动力，学校管理工作的开展应该有助于实现教育的道德目的、促进学生的道德发展。

如沛西·能（Nunn，P. T.）所说，"在更高的活动水平上，常规趋势大大地有助于维系与单纯秩序不同的学校纪律所寄托的'风气'和'传统'。也就是说，它有助于学校不断地获得一种特有的精神和接触到情感的社会习俗"。[1] 既然教育的真正目的在于鼓励而非抑制积极自由的活动，那么规则的作用就应限定于使混乱的形式变得有序、使机械的状态焕发生机，同时也能减少教育中的"浪费"，以免学校内部生活要素之间的抵触以及学校内外生活条件之间出现突然的割裂或不适当的衔接。道德规范与德性人格的实现都依赖于学校共同体和公共伦理生活的建构。学校的伦理责任是使学校生活有益于儿童社会精神的培养，[2] 这并不意味着学校生活只是对社会结构的复制、对社会规则的适应。学校不仅在精神上能够代表真正的社会生活，使其纪律、管理、秩序符合固有的社会精神，并以此调节和完善学校的内部生态，为个体与世界的相互作用提供安全的心理氛围，排除那些道德上不可接受的针对行为的指令和条件反射，[3] 引导学习者愿意参与、关心和理解共同生活。从育人的角度来看，个体德性在实践过程中才能实现发展，这既是创建共同体时包含的题中之义，也成为个体获得价值感的重要来源。一旦成员发现其必须遵从的机构的期望目标与其自身的意图或目的不一致甚至无关，并且这种来源于组织的价值标准无法切实指导其选择和行动时，就不免产生疏离感。如果考虑到学生应该被视为共同体的成员，学校所坚守的目标、规范或价值观值得与学生共享，那么身为管理者或教师，就不会简单地为学生规划对其有益的学习项目或内容，而是会肯认自己是在与他们分享实践活动的内在价值，

---

[1] ［英］沛西·能. 教育原理［M］. 王承绪，等译. 北京：人民教育出版社，2004：73.
[2] ［美］约翰·杜威. 道德教育原理［M］. 王承绪，译. 杭州：浙江教育出版社，2003：24.
[3] Peters, R. S. Ethics and Education [M]. London: George Allen & Unwin Ltd, 1966: 25.

带领学生共同兑现教育承诺。唯有掌握实践的内在价值，学生才能学会以适当的方式理智地评价其身处的世界。

因此，学校管理始终需要体现最为根本的道德立场，彰显伦理育人的基本职责。管理过程以学生的公共利益和共同发展为依归，其中任何分层、分级、分类或分轨都应避免造成不当的"分化"，尤其不能剥夺学生平等地获得作为学校成员的共同经验和参与公共事务的丰富机会。在此意义上，过强的问责标准与过早的自由选择都是偏颇的。前者容易陷入教育行政系统集中化的自我维持与自我增强的倾向，后者难以应对学校成员间交往的私人化和关系的疏离倾向。基于公正的"关怀"则是具有较大包容性的价值和协调关系的善物，[①] 因为唯有超越个人利益的并置，关注到成员间的相互依赖乃至相互补偿，才能开启共同负责的行动[②]，而这又会成为实现其他价值的基础和动因，并且使每一种从陌生人开始的关系持续发展下去。

总之，学校管理者与教师之间不只是支配与服从的关系，更是同为共同体成员之间开启民主协商的交往关系。在办学的理念和目的、学生发展的取向和任务等关键议题上，需要他们用专业的理念和态度去共同审议、形成判断、付诸行动，进而平衡管理与教学、育人等活动之间的关系。实际上，制度赋予领导者的权力是有限度的，它除了受制于领导者个人的人格魅力和专业能力，更取决于领导者所坚守和阐释的专业信念。同时，现代意义上的共同体强调成员之间经过协商取得的共识，成员之间的共享价值是经由谈判和妥协而提出的，这要求学校领导者转换"自上而下"的控制倾向，提供教师们开展集体审议的话语空间，使得拥有成熟经验的学校成员，有可能从实践中主动反思和体认学校作为共同体的道德意义，将其作为指导自身行为的内在依据。这样，学校也才有可能真正成为师生在理智上共同承认、在情感上自愿归属的道德共同体，成为学生道德生活体验的现实来源和人格发展的精

---

① 程亮，吴煌. 让学校成为关怀共同体——当代学校变革的新路向[J]. 教育发展研究，2014（Z2）：76—82.
② [法]保罗·利科. 爱与公正[M]. 韩梅，译. 上海：华东师范大学出版社，2016：20—21.

神支柱。作为共同体的学校，虽然有时不得不应付种种行政压力，但是仍然可以通过学校管理者与教师之间达成共识，在共同的价值理念引领和信念激励下，自觉地做出为学生的道德发展服务的决策。

参考文献

一、中文文献

［德］哈贝马斯. 在事实与规范之间：关于法律和民主法治国的商谈理论［M］. 童世骏，译. 北京：生活·读书·新知三联书店，2003.

［德］沃夫冈·布雷钦卡. 信仰、道德和教育：规范哲学的考察［M］. 彭正梅，等译. 上海：华东师范大学出版社，2008.

［德］伊曼努尔·康德. 论教育学［M］. 赵鹏，何兆武，译. 上海：上海人民出版社，2005.

［德］约翰·弗里德里希·赫尔巴特. 普通教育学［M］. 李其龙，译. 北京：人民教育出版社，2015.

［法］保罗·利科. 爱与公正［M］. 韩梅，译. 上海：华东师范大学出版社，2016.

［法］布尔迪厄. 文化资本与社会炼金术［M］. 包亚明，译. 上海：上海人民出版社，1997.

［法］P. 布尔迪厄. 国家精英——名牌大学与群体精神［M］. 杨亚平，译. 北京：商务印书馆，2005.

［古希腊］亚里士多德. 尼各马可伦理学［M］. 廖申白，译. 北京：商务印书馆，2017.

［加拿大］马克斯·范梅南. 教学机智——教育智慧的意蕴［M］. 李树

英，译. 北京：教育科学出版社，2001.

［加拿大］迈克尔·富兰. 学校领导的道德使命［M］. 中央教育科学研究所，加拿大多伦多国际学院，译. 北京：教育科学出版社，2005.

［美］阿拉斯戴尔·麦金太尔. 追寻美德：道德理论研究［M］. 宋继杰，译. 南京：译林出版社，2003.

［美］布鲁斯·乔伊斯，贝弗莉·肖沃斯. 教师发展——学生成功的基石［M］. 唐悦，周俏纨，译. 北京：中国轻工业出版社，2005.

［美］汉娜·阿伦特. 过去与未来之间［M］. 王寅丽，张立立，译. 南京：译林出版社，2012.

［美］亨利·A. 吉鲁. 教育与公共价值的危机［M］. 吴万伟，译. 北京：中国人民大学出版社，2016.

［美］杰拉尔德·C. 厄本恩，拉里·W. 休斯，辛西娅·J. 诺里斯. 校长论：有效学校的创新型领导［M］. 黄崴，龙君伟，译. 重庆：重庆大学出版社，2004.

［美］肯尼斯·A. 斯特赖克，乔纳斯·F. 索尔蒂斯. 教学伦理［M］. 黄向阳，等译. 上海：华东师范大学出版社，2017.

［美］莱因霍尔德·尼布尔. 道德的人与不道德的社会［M］. 蒋庆，等译. 贵阳：贵州人民出版社，2007.

［美］罗纳德·德沃金. 认真对待权利［M］. 信春鹰，吴玉章，译. 北京：中国大百科全书出版社．1998.

［美］马克·汉森. 教育管理与组织行为［M］. 冯大鸣，等译. 上海：上海教育出版社，1993.

［美］迈克尔·沃尔泽. 正义诸领域：为多元主义与平等一辩［M］. 褚松燕，译. 南京：译林出版社，2002.

［美］S. 鲍尔斯，H. 金蒂斯. 美国：经济生活与教育改革［M］. 王佩雄，等译. 上海：上海教育出版社，1980.

［美］托马斯·萨乔万尼. 道德领导：抵及学校改善的核心［M］. 冯大鸣，译. 上海：上海教育出版社，2002.

[美]托马斯·萨乔万尼. 校长学：一种反思性实践观［M］. 张虹，译. 上海：上海教育出版社，2008.

[美]威廉·G. 坎宁安，保拉·A. 科尔代罗. 教育管理：基于问题的方法［M］. 赵中建，译. 南京：江苏教育出版社，2002.

[美]西奥多·J. 科瓦尔斯基. 教育管理案例研究［M］. 邱超，译. 北京：中国人民大学出版社，2013.

[美]伊维塔·泽鲁巴维尔. 房间里的大象：生活中的沉默和否认［M］. 胡缠，译. 重庆：重庆大学出版社，2011.

[美]约翰·杜威. 道德教育原理［M］. 王承绪，译. 杭州：浙江教育出版社，2003.

[美]约翰·杜威. 杜威教育论著选［M］. 赵祥麟，王承绪，编译. 上海：华东师范大学出版社，1981.

[美]约翰·杜威. 杜威全集. 晚期著作（1925—1953）第 7 卷［M］. 魏洪钟，等译. 上海：华东师范大学出版社，2014.

[美]约翰·杜威. 民主主义与教育［M］. 王承绪，译. 北京：人民教育出版社，2001.

[美]约翰·杜威. 人的问题［M］. 傅统先，邱椿，译. 上海：上海人民出版社，1965.

[美]约翰·杜威. 学校与社会·明日之学校［M］. 赵祥麟，任钟印，吴志宏，译. 北京：人民教育出版社，2005.

[美]约翰·杜威. 我们怎样思维·经验与教育［M］. 姜文闵，译. 北京：人民教育出版社，2005.

[美]约翰·古德莱德. 学校的职能［M］. 沈剑平，译. 台北：桂冠图书股份有限公司，1999.

[美]约翰·古德莱德，罗杰·索德，肯尼思 A. 斯罗特尼克. 提升教师的教育境界：教学的道德尺度［M］. 汪菊，译. 北京：教育科学出版社，2012.

[美]约翰·罗尔斯. 正义论［M］. 何怀宏，等译. 北京：中国社会科

学出版社，1988.

［美］约翰·罗尔斯. 政治自由主义［M］. 万俊人，译. 南京：译林出版社，2000.

［美］詹姆斯·麦格雷戈·伯恩斯. 领导论［M］. 常建，等译. 北京：中国人民大学出版社，2006.

［美］詹姆斯·G. 马奇，［挪］约翰·P. 奥尔森. 重新发现制度：政治的组织基础［M］. 张伟，译. 北京：生活·读书·新知三联书店，2011.

［美］詹姆斯·P. 斯特巴. 实践中的道德［M］. 程炼，等译. 北京：北京大学出版社，2006.

［英］安东尼·吉登斯. 社会的构成［M］. 李康，李猛，译. 北京：生活·读书·新知三联书店，1998.

［英］彼得斯. 道德发展与道德教育［M］. 邬冬星，译. 杭州：浙江教育出版社，2000.

［英］罗纳德·哈里·科斯，王宁. 变革中国：市场经济的中国之路［M］. 徐尧，李哲民，译. 北京：中信出版社，2013.

［英］马克·沃恩. 夏山学校的百年故事——献给当代的教师、校长和家长［M］. 沈兰，译. 北京：教育科学出版社，2014.

［英］沛西·能. 教育原理［M］. 王承绪，赵瑞瑛，译. 北京：人民教育出版社，2004.

［英］Paul H. Hirst，R. S. Peters. 教育的逻辑［M］. 刘贵杰，译. 台北：五南图书出版公司，1994.

［英］齐格蒙特·鲍曼. 后现代伦理学［M］. 张成岗，译. 南京：江苏人民出版社，2002.

［英］以赛亚·伯林. 自由论［M］. 胡传胜，译. 南京：译林出版社，2003.

［英］约翰·格雷. 密尔论自由：一个辩护［M］. 毛兴贵，译. 北京：人民出版社，2015.

［英］约翰·密尔. 论自由［M］. 许宝骙，译. 北京：商务印书

馆，2007.

［苏］瓦·阿·苏霍姆林斯基. 苏霍姆林斯基选集（五卷本）·第 4 卷［M］. 北京：教育科学出版社，2001.

［苏］瓦·阿·苏霍姆林斯基. 学生集体主义情操的培养［M］. 杨楠，译. 长沙：湖南教育出版社，1984.

［苏］马卡连柯. 马卡连柯教育文集（下卷）［M］. 北京：人民教育出版社，1985.

［美］古尔德纳. 韦伯和他的权威结构理论［J］. 唐亮，译. 现代外国哲学社会科学文摘，1986（7）.

［英］R. 马丁. 论权威——兼论 M. 韦伯的"权威三类型说"［J］. 罗述勇，译. 国外社会科学，1987（2）.

鲍宗豪. 决策文化论［M］. 上海：上海三联书店，1997.

蔡春. 在权力与权利之间：教育政治学导论［M］. 北京：北京师范大学出版社，2010.

蔡怡. 道德领导——新型的教育领导者［M］. 北京：教育科学出版社，2009.

曹刚. 道德难题与程序正义［M］. 北京：北京大学出版社，2011.

曹永国. 自然与自由——卢梭与现代性教育困境［M］. 福州：福建教育出版社，2012.

陈桂生. 常用教育概念辨析［M］. 上海：华东师范大学出版社，2012.

陈桂生. 回望教育基础理论［M］. 北京：北京师范大学出版社，2007.

陈桂生. 教育学视界辨析［M］. 上海：华东师范大学出版社，1997.

陈桂生. 学校教育原理［M］. 上海：华东师范大学出版社，2012.

程亮. 教育的道德基础——教育伦理学引论［M］. 福州：福建教育出版社，2016.

褚宏启，杨海燕，等. 走向校长专业化［M］. 上海：上海教育出版社，2009.

戴焰军，翟学伟，等. 打破人情与制度的选择困境［J］. 中国纪检监察，

2015（17）.

范国睿. 学校管理的理论与实务［M］. 上海：华东师范大学出版社，2003.

樊浩，等. 中国伦理道德报告［M］. 北京：中国社会科学出版社，2012.

高君智. 教育法学［M］. 兰州：甘肃人民出版社，2011.

高宣扬. 布迪厄的社会理论［M］. 上海：同济大学出版社，2004.

华东师范大学教育系，杭州大学教育系. 现代西方资产阶级教育思想流派论著选［M］. 北京：人民教育出版社，1981.

胡晓风，等. 陶行知教育文集［M］. 成都：四川教育出版社，2005.

黄向阳. 德育原理［M］. 上海：华东师范大学出版社，2000.

李波. 教育管理与案例分析［M］. 上海：复旦大学出版社，2011.

廖申白.《尼各马可伦理学》导读［M］. 成都：四川教育出版社，2005：53.

林明地. 学校领导：理念与校长专业生涯［M］. 台北：台湾高等教育出版社，2002.

石中英. 教育哲学的责任与追求［M］. 合肥：安徽教育出版社，2007.

苏国勋，刘小枫. 社会理论的政治分化［M］. 上海：上海三联书店，2005.

孙立平. 重建社会：转型社会的秩序再造［M］. 北京：社会科学文献出版社，2009.

涂诗万. 杜威教育思想的形成［M］. 杭州：浙江教育出版社，2015.

马凤岐. 自由与教育［M］. 北京：北京师范大学出版社，2008.

马维娜. 局外生存：相遇在学校场域［M］. 北京：北京师范大学出版社，2003.

吴康宁. 教育社会学［M］. 北京：人民教育出版社，2014.

吴清山，等. 教育绩效责任研究［M］. 北京：九州出版社，2006.

吴志宏. 教育行政学［M］. 北京：人民教育出版社，1999.

萧宗六. 学校管理学（增订本）［M］. 北京：人民教育出版社，1994.

谢立中. 西方社会学名著提要 [M]. 南昌：江西人民出版社，2001.

熊和平. 学生身体与教育真相 [M]. 杭州：浙江大学出版社，2014.

徐萍. 校长和他的学校：校长道德领导研究 [M]. 杭州：浙江教育出版社，2009.

张延明. 建设卓越学校：领导层·管理层·教师的职业发展 [M]. 北京：北京大学出版社，2008.

郅庭瑾. 教育管理伦理研究 [M]. 北京：商务印书馆，2008.

中国教育年鉴编辑部. 中国教育年鉴（1949—1981）[M]. 北京：中国大百科全书出版社，1984.

周兴国. 教育与强制——教育自由的界限 [M]. 福州：福建教育出版社，2012.

周雪光. 组织社会学十讲 [M]. 北京：社会科学文献出版社，2012.

蔡进雄. 走入心灵深处：仆人式领导的意涵及其对中小学校长领导的启示 [J]. 教育政策论坛，2003（2）：70.

陈桂生. "学校管理体制问题"引论 [J]. 华东师范大学学报（教育科学版），2003（1）.

湛涛. 如何让"校长上课"不成为空话 [J]. 山西教育（管理），2016（9）.

程爱理. 怎样组织听课 [J]. 中小学管理，1990（5）.

程亮. 何种正义？谁之责任？——现代学校过程的正当性探寻 [J]. 教育发展研究，2015（2）.

程亮，吴煌. 让学校成为关怀共同体——当代学校变革的新路向 [J]. 教育发展研究，2014（Z2）.

程亮，翟金铭. 面向伦理决策的师德教育：为何与何为 [J]. 教育发展研究，2021（24）.

程亮. 儿童利益及其教育意义 [J]. 教育研究，2018（3）.

邓晓芒. 康德自由概念的三个层次 [J]. 复旦学报（社会科学版），2004（2）.

杜明峰. 班干部权力的架构：一项田野调查 [J]. 基础教育，2015（2）.

杜明峰. 教育质量评价的科学取向及其伦理反思 [J]. 教育发展研究，

2022（6）.

杜时忠. 制度德性与制度德育［J］. 教育研究与实验. 2002（1）.

樊浩. 教育的伦理本性与伦理精神前提［J］. 教育研究. 2001（1）.

高兆明. 制度伦理与制度"善"［J］. 中国社会科学. 2007（6）.

郭晓平. 美国进步主义教育运动的社会意义及失败的教训［J］. 北京师范大学学报，1989（3）.

洪敏. 对校长不上课就"下课"的质疑［J］. 中小学管理，2007（6）.

侯利明. 地位下降回避还是学历下降回避——教育不平等生成机制再探讨（1978—2006）［J］. 社会学研究，2015（2）.

季卫东. 法律程序的意义［J］. 中国社会科学. 1993（1）.

季仲平. 课堂教学未必是校长的"神坛"［J］. 学校管理，2017（1）.

贾汇亮. 教师教学自主权的缺失及保障［J］. 课程·教材·教法，2014（8）.

金生鈜. 承认的形式以及教育意义［J］. 教育研究，2007（9）.

金生鈜. 教育正义：教育制度建构的奠基性价值［J］. 陕西师范大学学报（哲学社会科学版），2011（2）.

金生鈜. 论教育自由［J］. 南京师大学报（社会科学版），2004（6）.

赖斯捷. 进不进课堂？这是一个问题——上海奉贤区八成中小学校长走上讲台引发的争议［J］. 湖南教育（教育综合），2009（8）.

李汉林. 变迁中的中国单位制度——回顾中的思考［J］. 社会，2008（3）.

李茂森. 教师专业自主：何以可能与如何可能［J］. 教育发展研究，2008（2）.

李晓星. 小议"推门课"与"敲门课"［J］. 教学与管理，2002（34）.

刘媛. "推门课"现存问题及对策［J］. 内蒙古电大学刊，2016（2）.

龙耀. 论教育行政权力的边界——基于中国教育行政化问题的研究［J］. 教育学术月刊，2011（6）.

陆敏，白露，束彦，陈静，李家成. 学生干部培养：学生素质发展与班主任的实践创新（访谈录）［J］. 基础教育，2012（3）.

栾传大. 以德治校及其对策研究［J］. 教育研究，2001（11）.

慕宝龙. 教师专业自主的概念论争及其思考［J］. 教育学报，2014（5）.

慕宝龙. 论教师专业自主能力的内涵结构［J］. 教师教育研究，2017（3）.

聂旺，李伟言. 班干部制度的教育意蕴及其异化矫正［J］. 中小学德育，2023（4）.

牛利华. 基础教育中病理性分班的校长责任——基于校长专业伦理的视角［J］. 济南大学学报（社会科学版），2009（2）.

芮火才. 校长的专业是管理不是教学［J］. 江苏教育，2011（2）.

申玉宝. 小学班干部制度的发展进程与反思［J］. 当代教育科学，2012（14）.

石艳. 区隔与脱域——学校空间管理的社会学分析［J］. 教育科学，2006（4）.

苏强，吕帆，周健民. 迷思与困惑：教师赋权失范的二重性［J］. 教育研究，2014（11）.

孙光友. "校长上课"不应一刀切［J］. 教育，2017（9）.

孙俊三. 班干部：成长和教育的双重需要［J］. 华东师范大学学报（教育科学版），2013（1）.

万勇. 关于教师地位的建议［J］. 外国教育资料，1984（4）.

王治高. 学校制度文化的反思与重构［J］. 教育研究与实验，2015（5）.

吴回生. 学校权力与学生权利问题探析［J］. 教育研究，2012（5）.

吴慧蕾，郅庭瑾. 我国学校管理伦理研究述评［J］. 教育科学研究，2008（Z1）.

吴康宁. 为什么学校会对学生的发展不负责［J］. 教育研究，2007（12）.

吴小贻. 教师专业自主权的解读及实现［J］. 教育研究，2006（7）.

许建美. "推门课"存废之争再议［J］. 上海教育科研，2009（3）.

许莉莉. 从教育学、心理学视角看教师抵触"推门听课"问题［J］. 教育探索，2008（6）.

严进，楼春华，Alexander Unger. 时间距离提高伦理判断［J］. 心理科学，2015（4）.

杨邦清. 关于对当前学校"校长推门听课"的几点思考［J］. 现代中小

学教育，2013（1）.

杨坤道. 听"推门课"与改上练习课之"尴尬"［J］. 中国教育学刊，2014（12）.

杨晓奇. 论"他主"与"自主"契合的教师专业发展［J］. 中国教育学刊，2015（10）.

姚计海，钱美华. 国外教师自主研究述评［J］. 外国教育研究，2004（9）.

姚静. 论教师专业自主权的缺失与回归［J］. 课程·教材·教法，2005（6）.

银平均. 布迪厄的实践理论：从理论综合到经验研究［J］. 思想战线，2004（6）.

于忠海. 教育改革中行政化管理与教师专业自主博弈的反思［J］. 教育学报，2009（1）.

詹万生，许建争. 社会转型时期学校德育的反思与构建［J］. 教育研究，2002（9）.

张闯，刘福元. 程序性正当程序的悖论与重构［J］. 社会科学辑刊，2009（5）.

赵宝春. 直接经验、伦理判断与非伦理消费行为再犯［J］. 管理学报，2016（4）.

钟启泉. 教师专业化的误区及其批判［J］. 教育发展研究，2003（4）.

周彬. 推门听课：何以让教师开放真实课堂［J］. 福建教育（小学版），2012（4）.

朱璋龙，王一定. 质疑"有权就有威"——兼论校长如何提高自己的人格权威［J］. 教学研究，2004（1）.

李俊. 校长上课要上在"关键时候"［N］. 中国教育报，2021－02－10.

刘波."推门课"需改良［N］. 中国教育报，2007－05－15.

马跃华. 厦大附中："推门听课"助力年轻教师成长［N］. 光明日报，2011－01－30.

尚志鹏. 推门听课"推"出美妙交响曲［N］. 三峡日报，2008－11－23.

史洪举. 让欺凌者就读专门学校应遵循程序正义［N］. 民主与法制时报.

2017—04—25.

吴若岩. 学校造假何以蔓延 [N]. 中国教师报. 2004—01—14.

杨骞. "推门课"是一种"草根式研究" [N]. 中国教育报, 2007—05—15.

杨学杰. 校长要慎用"推门听课" [N]. 中国教育报, 2017—06—14.

叶澜. 改善发展"生境"提升教师自觉 [N]. 中国教育报, 2007—09—15.

翟学伟. "朋友有信"与现代社会信任 [N]. 光明日报, 2016—7—20.

韩少华. 校长专业伦理研究 [D]. 长春: 东北师范大学, 2012.

林成堂. 教师专业自主权问题之研究 [D]. 上海: 华东师范大学, 2007.

刘妍. 校长决策的伦理分析 [D]. 北京: 首都师范大学, 2007.

姚炜. 权变管理理论研究 [D]. 苏州: 苏州大学, 2003.

杨慧民. 科技人员的道德想象力研究 [D]. 大连: 大连理工大学, 2014.

赵冬冬. 小学教师伦理决策研究 [D]. 上海: 华东师范大学, 2018.

庄西真. 学校行为的社会逻辑 [D]. 南京: 南京师范大学, 2005.

杨颖东. 失衡与反拨——我国学校教育价值取向的偏差反思和调整 [D]. 上海: 华东师范大学, 2014.

当了校长还要不要上课, 这不该成为一个问题 [EB/OL]. (2022—09—21) [2023—02—14]. https: //m. gm w. cn/baijia/2022—09/21/36039715. html.

教育部. 义务教育学校校长专业标准 [EB/OL]. (2013—02—16) [2023—2—14]. http: //www. moe. gov. cn/srcsite/A10/s7151/201302/t20130216_147899. html.

小学奇葩规定: 课间不许出教室只准喝水上厕所 [EB/OL]. (2016—2—18) [2023—2—16]. http: //edu. sina. com. cn/zxx/2016—02—18/doc—ifxprucu2957869. shtml? zw=edu.

新华社. 中共中央办公厅、国务院办公厅印发《关于深化新时代教育督导体制机制改革的意见》[EB/OL]. (2020—02—19) [2023—02—02]. http: //www. gov. cn/zhengce/2020—02/19/content_5480977. htm.

新华社. 国家中长期教育改革和发展规划纲要（2010—2020 年）[EB/OL]. (2010－07－29) [2023－02－02]. http：//www. moe. gov. cn/jyb_xwfb/s6052/moe_838/201008/t20100802_93704. html.

学生带手机被劝退是学校管理蛮横 [EB/OL]. (2016－03－29)[2023－2－16]. http：//views. ce. cn/view/ent/201603/29/t20160329_9897151. shtml.

学校管理不能牺牲学生隐私权 [EB/OL]. (2017－05－18) [2023－2－16]. http：//views. ce. cn/view/ent/201705/18/t20170518_22953404. shtml.

中学管理苛刻住校太苦 众家长开假证明领回孩子 [EB/OL]. (2008－3－19) [2022－10－8]. http：//www. Gaoka o. com/e/2000319/4b8bc9a19bbbb. shtml.

二、英文文献

Barker, C. Dostoevsky and Education through Punishment [J]. The Review of Politics. 2018，80（3）.

Blase, J. Principals' Instructional Leadership and Teacher Development：Teacher Perspectives [J]. Educational Administration Quarterly，1999，35（3）.

Bogler, R. The Influence of Leadership Style on Teacher Job Satisfaction [J]. Educational Administration Quarterly，2001，37（5）.

Bourdieu, P. Distinction：A Social Critique of the Judgment of Taste [M]. Cambridge, MA.：Harvard University Press，1984.

Colnerud, G. Moral Stress in Teaching Practice [J]. Teachers and Teaching：Theory and Practice. 2015，21（3）.

Cooper, D. E. Education, Values and Mind [M]. London：Routledge & Kegan Paul，1986.

Cuban, L. Transforming the Frog into a Prince：Effective Schools

Research, Policy and Practice at the District Level [J]. Harvard Educational Review, 1984, 54 (2).

Fink, E., Resnick, L. Developing Principals as Instructional Leaders [J]. Phi Delta Kappan, 2001, 82 (8).

Fischman, W., Di Bara, J. A., Gardner, H. Creating Good Education Against the odds [J]. Cambridge Journal of Education, 2006, 36 (3).

Glickman, C. Has Sam and Samantha's Time Come at Last? [J]. Educational Leadership, 1989, 46 (8).

Godfrey, D. School Peer Review for Educational Improvement and Accountability [M]. Switzerland: Springer Nature Switzerland, 2020.

Haidt, J. The Emotional Dog and Its Rational Tail: A Social Intuitionist Approach to Moral Judgment [J]. Psychological Review, 2001, 108 (4).

Hallinger, P. The Evolving Role of American Principals from Managerial to Instructional to Transformational Leaders [J]. Journal of Educational Administration, 1992, 30 (3).

Hampton, J. The Moral Education Theory of Punishment [J]. Philosophy & Public Affairs. 1984, 13 (3).

Hanson, M. Educational Administration and Organizational Behavior [M]. Allyn and Bacon, 1991.

Huebner, D. Teaching as Moral Activity [J]. Journal of Curricutum and Supervision. 1996, 11 (3).

Johnson, M. Moral Imagination: Implications of Cognitive Science for Ethics [M]. Chicago: University of Chicago Press, 1993.

Kohler-Koch, B. The Evolution and Transformation of European Governance [C] //Kohler-Koch, B., Eising, R. The Transformation of Governance in the European Union. New York: Routledge, 1999.

Louis, K. S. Beyond "Managed Change": Rethinking How Schools Improve [J]. School Effectiveness and School Improvement, 1994, 5 (1).

Marks, H. M., Printy, S. M. Principal Leadership and School Performance: An Integration of Transformational and Instructional Leadership [J]. Educatioal Administration Quarterly, 2003, 39 (3).

Maroy, C. Xavier Pons. Accountability Policies in Education [M]. Switzerland: Springer Nature Switzerland, 2019.

Peguero, A., Shekarkhar, Z. Latino/a Student Misbehavior and School Punishment [J]. Hispanic Journal of Behavioral Sciences. 2011, 33 (1).

Peters, R. S. Ethics and Education [M]. London: George Allen and Unwin Ltd, 1966.

Poole, W. Reconstructing the Teacher-administrator Relationship to Achieve Systemic Change [J]. Journal of School Leadership, 1995, 5 (6).

Rest, J. R. A Psychologist Looks at the Teaching of Ethics [J]. The Hastings Center Report, 1982, 12 (1).

Sebring, P. B., Bryk, A. S. School Leadership and the Bottom Line in Chicago [J]. Phi Delta Kappan, 2000, 81 (6).

Smylie, M., Conyers, J. Changing Conceptions of Teaching Influence the Future of Staff Development [J]. Journal of Staff Development, 1991, 12 (1).

Starratt, R. J. Building an Ethical School: A Practical Response to The Moral Crisis in Schools [M]. London: Taylor & Francis e-Library, 2005.

Webb, R., Vulliamy, G., Hamalaninen, S., Sarja, A., Kimonen, E., Nevalainen, R. A Comparative Analysis of Primary Teacher Professionalism in England and Finland [J]. Comparative Education, 2004, 40 (1).

Yang, HuiLing, Wu, WeiPang. The Effect of Moral Intensity on Ethical Decision Making in Accounting [J]. Journal of Moral Education, 2009, 38 (3).

Zhou, X., Moen, P., Tuma, N. B. Educational Stratification in Urban China: 1949—94 [J]. Sociology of Education, 1998, 71 (3).

附　录

Ⅰ. 伦理准则：美国学校管理者协会教育领导者的伦理声明

教育领导者的职业行为必须符合行为伦理准则，该准则为所有教育领导者设定了高标准。教育领导者为整个地区和整个社区提供专业的领导。这种责任要求领导者认识到他或她的行为将被社区、专业同仁和学生所观察和评价，进而保持标准、模范的职业行为。

教育领导者承认他或她将通过为每一个孩子提供平等的教育机会来为学校和社区服务。领导的工作必须强调责任和结果，提高学生成绩，并对每一个学生都有很高的期望。

为了达到这些目的，教育领导同意下列标准声明。教育领导者：

(1) 使教育和学生的福祉成为一切决策的根本价值。

(2) 以诚实正直的态度履行所有的专业职责，并始终以值得信赖和负责任的态度行事。

(3) 支持正当程序原则，保护所有个体的公民权利和人权。

(4) 执行地方、州和国家法律。

(5) 为学校董事会提供建议，执行董事会的政策和管理规章制度。

(6) 采取适当措施，纠正不符合良好教育目标或不符合儿童最大利益的法律、政策和规章。

(7) 禁止利用职位在政治、社会、宗教、经济或其他方面的影响为自己谋取私利。

（8）只接受可信任的院校的学位或专业证书。

（9）通过研究和持续性的专业发展，维持专业水平，寻求专业成效的提高。

（10）重视所有合同，直至履约及双方同意解除或解散。

Ⅱ. 义务教育学校校长专业标准（2013）

为促进义务教育学校校长专业发展，建设高素质义务教育学校校长队伍，深入推进义务教育均衡发展，根据教育法和义务教育法，特制定本标准。

校长是履行学校领导与管理工作职责的专业人员。本标准是对义务教育学校合格校长专业素质的基本要求，是制定义务教育学校校长任职资格标准、培训课程标准、考核评价标准的重要依据。

一、基本理念

（一）以德为先

坚持社会主义办学方向，贯彻党和国家的教育方针政策，将社会主义核心价值体系融入学校教育全过程，依法履行法律赋予的权利和义务；热爱教育事业和学校管理工作，具有服务国家、服务人民的社会责任感和使命感；履行职业道德规范，立德树人，为人师表，公正廉洁，关爱师生，尊重师生人格。

（二）育人为本

坚持育人为本的办学宗旨，把促进每个学生健康成长作为学校一切工作的出发点和落脚点，扶持困难群体，推动平等接受教育；遵循教育规律，注重教育内涵发展，始终把全面提高义务教育质量放在重要位置，使每个学生都能接受有质量的义务教育；树立正确的人才观和科学的质量观，全面实施素质教育，为每个学生提供适合的教育，促进学生生动活泼地发展。

（三）引领发展

校长作为学校改革发展的带头人，担负着引领学校和教师发展，促进学生全面发展与个性发展的重任；将发展作为学校工作的第一要务，秉承先进教育理念和管理理念，建立健全学校各项规章制度，完善学校目标管理和绩效管理机制，实施科学管理、民主管理，推动学校可持续发展。

（四）能力为重

将教育管理理论与学校管理实践相结合，突出学校管理的实践能力和创新能力；不断提高与完善规划学校发展、营造育人文化、领导课程教学、引领教师成长、优化内部管理和调适外部环境等方面的能力；坚持实践、反思、再实践、再反思，强化专业能力提升。

（五）终身学习

牢固树立终身学习的观念，将学习作为改进工作的不竭动力；优化知识结构，提高自身科学文化素养；与时俱进，及时把握国内外教育改革与发展的趋势；注重学习型组织建设，使学校成为师生共同学习的家园。

二、基本内容

专业职责		专业要求
一、规划学校发展	专业理解与认识	1. 明确学校办学定位，履行实施义务教育的工作使命，保障适龄儿童、少年平等接受有质量的义务教育，着力保障农民工子女、残疾儿童少年、家庭经济困难学生的受教育权利。 2. 注重学校发展的战略规划，凝聚师生智慧，建立学校发展共同目标，形成学校发展合力。 3. 尊重学校传统和学校实际，提炼学校办学理念，办出学校特色。
	专业知识与方法	4. 熟悉国家的法律法规、教育方针政策和学校管理的规章制度。 5. 把握国内外学校改革和发展的基本趋势，学习借鉴优秀校长办学的成功经验。 6. 掌握学校发展规划制定、实施与测评的理论、方法与技术。
	专业能力与行为	7. 诊断学校发展现状，及时发现和研究分析学校发展面临的主要问题。

续表

专业职责		专业要求
		8. 组织社区、家长、教师、学生多方参与制订学校发展规划，确立学校中长期发展目标。
		9. 落实学校发展规划，制订学年、学期工作计划，指导教职工制定具体行动方案，并提供人、财、物等条件支持。
		10. 监测学校发展规划的实施，根据实施情况修正学校发展规划，调整工作计划，完善行动方案。
二、营造育人文化	专业理解与认识	11. 把德育工作摆在素质教育的首要位置，全面加强学校德育体系建设。
		12. 将学校文化建设作为学校德育工作的重要方面，重视学校文化潜移默化的教育功能，把文化育人作为办学治校的重要内容与途径。
		13. 热爱祖国优秀传统文化，充分发挥优秀传统文化的时代意义与教育价值，重视地域文化的重要作用。
	专业知识与方法	14. 广泛涉猎自然科学与人文社会科学知识，具有良好的艺术修养和相应的艺术欣赏与表现的知识。
		15. 了解校园文化建设的基本理论，掌握促进优秀文化融入学校教育的方法和途径。
		16. 掌握不同年龄阶段学生思想品德形成和健康心理发展的特点与规律，了解学生思想与品行养成过程及其教育方法。
	专业能力与行为	17. 绿化、美化校园环境，精心营造人文氛围，建设优良的校风、教风、学风，设计体现学校特点和教育理念的校训、校歌、校徽、校标。
		18. 精心设计和组织艺术节、科技节等校园文化活动，充分利用好重大节庆日、传统节日等有特殊意义的日子以及学校组织特有的仪式，开展主题教育活动。

续表

专业职责		专业要求
		19. 建设绿色健康的校园信息网络，向师生推荐优秀的精神文化作品和先进模范人物，努力防范不良的流行文化、网络文化和学校周边环境对学生的负面影响。 20. 凝聚学校文化建设力量，发挥教师、学生及社团的主体作用，为共青团、少先队、学生社团、班集体活动开展提供必要条件，保证活动时间。
三、领导课程教学	专业理解与认识	21. 坚持面向全体学生，因材施教，全面提高教育教学质量。 22. 尊重教育教学规律，注重培养学生的责任意识、创新精神和实践能力。 23. 尊重教师的教学经验和智慧，积极推进教学改革与创新。
	专业知识与方法	24. 掌握学生不同发展阶段的培养目标和课程标准。 25. 了解课程编制、课程开发与实施、课程评价的相关知识和教材、教辅使用的政策以及国内外课程教学改革的经验。 26. 掌握课堂教学以及教育信息技术应用的一般原理与方法。
	专业能力与行为	27. 有效统筹国家、地方、学校三级课程，确保国家课程、地方课程的落实，推动校本课程的开发与实施，为学生提供丰富多样的课程教学资源。 28. 认真落实义务教育课程标准，切实减轻学生过重课业负担，不得随意提高课程难度，不得挤占体育、音乐、美术及少先队活动等课程的课时，确保学生每天一小时校园体育活动。 29. 建立听课与评课制度，深入课堂听课并对课堂教学进行指导，每学期听课不少于地方教育行政部门规定的课时数量。 30. 积极组织开展教研活动和教学改革，建立完善促进学生全面发展的教育教学评价制度，不片面追求学生考试成绩和升学率。

续表

专业职责		专业要求
四、引领教师成长	专业理解与认识	31. 教师是学校改革发展最宝贵的人力资源，尊重、信任、团结和赏识每一位教师。 32. 校长是教师专业发展的第一责任人，将学校作为教师实现专业发展的主阵地。 33. 尊重教师专业发展的规律，激发教师发展的内在动力。
	专业知识与方法	34. 把握教师职业素养要求，明确教师的权利与义务。 35. 掌握教师专业发展的理论以及指导教师开展教育教学实践与研究的方法。 36. 掌握学习型组织建设的方法以及激励教师主动发展的策略。
	专业能力与行为	37. 建立健全教师专业发展的制度，推行校本教研，完善教研训一体的机制，落实每位教师五年一周期不少于360学时的培训要求。 38. 关注每一位教师的发展，指导教师根据自身发展特点制定专业发展计划，加强青年教师培养，支持教师轮岗交流，推进信息技术在教师专业发展中的应用。 39. 扎实开展师德师风教育，落实教师职业道德规范要求，严禁教师体罚或变相体罚学生，严禁教师从事有偿补课。 40. 维护和保障教师合法权益和待遇，关爱教师身心健康，建立优教优酬的激励制度。
五、优化内部管理	专业理解与认识	41. 坚持依法治校，自觉接受师生员工和社会的监督。 42. 崇尚以德立校，处事公正、严格律己、廉洁奉献。 43. 倡导民主管理和科学管理，坚持教书育人、管理育人、服务育人。
	专业知识与方法	44. 把握国家相关政策对校长的职责定位和工作要求。 45. 掌握学校管理的基本理论与方法，了解国内外学校管理的变化趋势。 46. 熟悉学校人事财务、资产后勤、校园网络、安全保卫与卫生健康等管理实务。

续表

专业职责		专业要求
	专业能力与行为	47. 形成学校领导班子的凝聚力，认真听取党组织对学校重大决策的意见，充分发挥党组织的政治核心作用。 48. 尊重和支持教职工代表大会参与学校管理的民主权利，定期向教职工代表大会报告工作，实行校务会议等管理制度。 49. 建立健全学校人事、财务、资产管理等规章制度，提高学校管理规范化水平，不得违反国家规定收取费用，不得以向学生推销或者变相推销商品、服务等方式谋取利益。 50. 努力打造平安校园，建立和完善学校各种应急管理机制，定期实施安全演练，正确应对和妥善处置学校突发事件。
六、调适外部环境	专业理解与认识	51. 坚持把服务社会（社区）作为学校的重要功能，勇于承担社会责任。 52. 坚持把合作共赢作为学校对外关系准则，积极开展校内外合作与交流。 53. 坚信学校与家庭、社会（社区）的良性互动是办学水平的重要体现。
	专业知识与方法	54. 掌握学校公共关系及家校合作的理论与方法。 55. 了解所在社区、学生家庭的基本情况，积极获取与学生成长、学校发展相关的信息。 56. 熟悉各级各类社会公共服务机构的教育功能。
	专业能力与行为	57. 优化外部育人环境，努力争取社会（社区）的教育资源对学校教育的支持。 58. 充分发挥家长委员会支持学校工作的积极作用，引导社区和有关专业人士参与学校管理和监督，接受改进学校工作的合理建议。 59. 建立健全家校合作育人机制，建立教师家访制度，通过家长学校、家长会、家长开放日等形式，指导和帮助家长了解学校工作情况和学生身心发展特点，掌握科学育人方法。 60. 积极发挥学校在社区建设中的作用，鼓励并组织学校师生参与服务社会（社区）的有益活动。

三、实施要求

（一）本标准适用于国家和社会力量举办的全日制义务教育学校的正、副校长。幼儿园园长、普通高中、中等职业学校校长专业标准另行制定。鉴于全国不同地区的差异，各省、自治区、直辖市教育行政部门可以依据本标准制定符合本地区实情的实施意见。本标准可在执行的过程中逐步完善。

（二）各级教育行政部门要将本标准作为义务教育学校校长队伍建设和校长管理的重要依据。根据教育改革发展的需要，充分发挥本标准引领和导向作用，制定义务教育学校校长队伍建设规划，严格义务教育学校校长任职资格标准，完善义务教育学校校长选拔任用制度，推行校长职级制，建立义务教育学校校长培养培训质量保障体系，形成科学有效的义务教育学校校长队伍建设与管理机制，为实现义务教育均衡发展提供制度保障。

（三）有关高等学校和校长培养培训机构要将本标准作为义务教育学校校长培养培训的主要依据。重视义务教育学校校长职业特点，加强相关学科和专业建设。根据义务教育学校校长发展阶段的不同需求，完善培养培训方案，科学设置校长培养培训课程，改革教育教学方式。注重校长职业理想与职业道德教育，增强校长教书育人、管理育人的责任感和使命感。加强校长培养培训的师资队伍建设，开展校长专业成长的科学研究，促进校长专业发展。

（四）义务教育学校校长要将本标准作为自身专业发展的基本准则。制定自我专业发展规划，爱岗敬业，增强专业发展自觉性；大胆开展学校管理实践，不断创新；积极进行自我评价，主动参加校长培训和自主研修，不断提升专业发展水平，努力成为教育教学和学校管理专家。

后　记

从 1985 年开始，我国开始对教育领域中不符合改革开放新要求的体制机制问题，进行大刀阔斧的改革。在基础教育领域，除了确立"地方负责、分级管理"的管理体制外，还提出"学校逐步实行校长负责制，有条件的学校要设立由校长主持的、人数不多的、有威信的校务委员会，作为审议机构"的要求。这也意味着，基础教育改革会与校长及其管理行为建立必然的关系，因为校长作为学校的法人代表，对学校教育教学、管理、教师和学生发展等事务负全面责任。事实也表明，改革开放四十多年来我国各地中小学校的诸多改革创新，在基础教育改革涌现的波澜壮阔的改革实践，都无不与学校领导及其所依赖的制度安排有着紧密的联系。进入新时代，随着中小学校育人的内外部环境不断发生变化，学校领导的方式与形式也迎来了重大转换。2022 年中共中央办公厅印发《关于建立中小学校党组织领导的校长负责制的意见（试行）》，明确指出"建立中小学校党组织领导的校长负责制，是坚持为党育人、为国育才，保证党的教育方针和党中央决策部署在中小学校得到贯彻落实的必然要求"。同时，该意见强调："中小学校党组织全面领导学校工作，履行把方向、管大局、作决策、抓班子、带队伍、保落实的领导职责。""校长在学校党组织领导下，依法依规行使职权，按照学校党组织有关决议，全面负责学校的教育教学和行政管理等工作。"[①] 这是近四十年来我国在中小学校领导体制变革上做出的较大程度的调整，也预示着基础教育改革和发展的新精神和新方向。

---

① 中共中央办公厅印发《关于建立中小学校党组织领导的校长负责制的意见（试行）》[EB/OL]. http：//www. moe. gov. cn/jyb_xwfb/s6052/moe_838/202201/t20220126_596515. html.

学校领导体制上的改革反映了新时代我国教育改革和发展的需要，也彰显了我国基础教育改革中的重要制度优势。这一改革，某种程度上也反映出国家对教育质量和高质量教育体系建设的迫切期待。党的二十大报告进一步明确强调"办好人民满意的教育"，提出要"坚持以人民为中心发展教育，加快建设高质量教育体系，发展素质教育，促进教育公平"。但是，我国基础教育发展仍不平衡不充分，还不完全适应高质量教育体系建设和人民群众日益增长的新要求和新期盼，主要表现在因学校规模扩张、优质教育资源不充分不均衡和市场领域中"效率逻辑"的影响，学校越来越多地表现出对效率或效能的追求，却忽视了对管理过程中伦理问题的考察和反思。而这正是建设高质量教育体系的应有内涵，也是当代教育治理和学校治理改革中必不可少的价值理念。

为此，本书尝试以学校管理过程为重心，以学校管理中典型的实践案例为抓手，结合管理伦理的相关理论，从管理主体和管理过程两个层面，集中讨论了八个普遍存在于当前学校领导和管理领域中的伦理问题，分别是：学校管理蕴含的伦理观念、取向及其变革特征；学校管理者应当符合的专业伦理标准；学校管理者所具有的权威及其正当性来源；自由作为学生应有的权利和发展目的；作为学生的班干部的权力伦理问题；自由作为教师基本的专业主权和发展空间；学校管理者进行伦理决策时的程序正义问题；学校自身作为道德共同体的必要性与可能性。参与上述议题研究和写作的作者及负责的章节如下：华东师范大学教育学系杜明峰，第一章和第六章；华东师范大学教育学系黄志强，第二章；杭州师范大学附属未来科技城学校黄苗苗，第三章和第四章；安阳师范学院教育学院张晓月，第五章；华东师范大学教育学系孙嘉蔚，第七章和第八章。在写作方式上，本书各章由具体事件或某种现象为导引，力求兼顾学理性和可读性，期望既能凸显教育伦理学的对象或问题领域的独特性，也能成为一线教育工作者们审慎决策和反思的契机。学校管理伦理涉及诸多具体的事件和行动，而在这诸多现象背后，反映出有待纾解的共同困境，或者体现出基本的伦理特征。我们将这些值得关注的议题提炼出来，以供未来持续的思考和探索。

在这里，要对所有参与课题研究、书稿撰写以及以各种形式对本书给予支持的作者致以诚挚的谢意，书中的许多观点都是他们在阅读、讨论、研究和反思中形成的，是集体智慧的结晶。特别要感谢丛书主编程亮教授的关心、厚爱和宽容！这本书原由程老师主持设计、修订和组织写作，后由我"接任"并继续主持完成剩余的书稿。接到任务的那一刻，自是激动和信心十足，因为在博士研究生期间就一直关注教育政策、教育治理和社会组织等议题，工作后在这些方面继续推进，也有一些课题的研究和论文的发表，因此感觉有把握把这个任务完成好。但真正进入上述议题的写作或修改时才发现，以往写作中偏中观和宏观的写作思路在分析和阐释学校管理的具体问题时显得无所适从，特别是当对这些问题进行伦理学的分析和解读时，常常备感吃力。因此，对我而言，本书的编著既是一次"补课"的机会，也是一个对学校和教育"反思"的过程。

也正因为如此，在交出书稿的那一刻，内心诚惶诚恐，不知道这个书稿是不是"有修改的基础"。曾经在瞿葆奎先生办公室，大家写稿质量的高低都以能否达到先生眼中"有修改的基础"为参照，假如能被先生评为"有修改的基础"，那就是最高的褒奖了！可是一转眼，先生离开我们已经十一年了！这十一年，先生分明一直在那里，没有走远。今年恰逢先生一百周年诞辰，祈望这本小书未负先生当年的谆谆教诲，以为深深的怀念。也要特别感谢我的导师范国睿教授，在我们有困难、有需要的时候，他都会给予无私的帮助和指导。

此外，还特别感谢杨小微教授、李政涛教授和黄忠敬教授在工作和学习中给予的大力支持和帮助。感谢福建教育出版社的编辑老师，没有你们的宽容、勉励和支持，这本书就不能顺利付梓。

尽管戮力以赴，但由于水平有限，书中必有疏漏或不足，敬请读者批评指正。

杜明峰

2023 年 6 月于华东师大